장애영유아
권리에
날개달기

함께 실천하는 장애영유아 권리이야기

장애영유아 권리에 날개달기

함께 실천하는 장애영유아 권리이야기

지식터

머리말

**"장애아동의 권리는 천부적인 것입니다.
우리가 만들어 주어야 생기는 것이 아닙니다."**

요즘처럼 영유아 교육 현장에 '권리'라는 말이 뜨거운 이슈가 된 적이 있을까요. '아동학대', '권리침해', 'CCTV' 등 미디어를 통해 접하는 불편한 단어들과 '권리'를 연결지어 떠올리지는 않나요? 영유아 교육 현장의 '아동권리'는 아동학대와 연결되어 설명되고는 합니다. 이 때문에 성인이 지켜주어야만 권리가 생기는 것으로 잘못 생각하는 경우가 많습니다.

세계인권선언 제1조에 "인간은 태어나면서부터 자유롭고, 존엄성과 권리에 있어 평등하다"고 명시되어 있습니다. 누군가 지켜서가 아니라 누구나 태어나면서부터 평등한 권리를 가진다는 사실은 '성인'과 '아동', '장애인'과 '장애아동' 모두에게 적용되는 것입니다. '장애아동의 권리'는 태어나면서부터 가지는 것이며, 부모, 선생님, 지역사회와 국가는 장애아동의 권리 보장이 실천되도록 역할을 다할 책임이 있습니다.

'아이들의 권리는 태어나면서부터 가지는 것이야!'

'나는 선생님으로서 아이들의 권리가 보장되도록 실천할 책임이 있어!'

이러한 생각을 하였다면 '장애아동의 권리'에 한 걸음 다가선 것입니다.

"장애아동의 권리는 다른 아동과 동등하게 모든 인권과 기본적인 자유를 향유하는 것으로부터 시작합니다."

'장애인의 권리', '장애아동의 권리'와 같이 '장애'가 포함된 말을 꼭 특별하게 생각해야 할까요?

유엔아동권리협약과 장애인권리협약에는 다음과 같은 조항이 있습니다.

유엔아동권리협약 제23조

「당사국은 정신적 · 신체적 장애 아동이 인격을 존중받고 자립과 적극적 사회 참여가 장려되는 여건에서 여유롭고 품위 있는 생활을 누려야 함을 인정한다.」

장애인권리협약 전문 中

「장애아동은 다른 아동과 동등하게 모든 인권과 기본적인 자유를 완전히 향유하여야 함을 인정하고, 이를 위하여 아동의 권리에 관한 협약의 당사국이 이행하는 책무를 상기하며…(이하 생략)」

장애인권리협약 제7조 장애아동

「1. 당사국은 장애아동이 다른 아동과 동등하게 모든 인권과 기본적인 자유를 완전히 향유하도록 보장하기 위하여 필요한 모든 조치를 취한다.

2. 장애아동과 관련된 모든 조치에 있어서는 장애아동의 최대 이익을 최우선적으로 고려한다.

3. 당사국은 장애아동이 자신에게 영향을 미치는 모든 문제에 대하여 다른 아동과 동등하게 자신의 견해를 자유로이 표현할 권리와 그러한 권리를 실현하기 위하여 장애 및 연령에 따라 적절한 지원을 받을 권리가 있음을 보장한다. 그러한 견해에 대하여는 연령과 성숙도에 따라 정당한 비중이 부여된다.」

위의 내용을 살펴보면 반복해서 언급되는 표현이 있습니다. 바로 "다른 아동과 동등하게"입니다. 장애아동의 권리는 다른 아동과 동등해야 합니다. 장애가 있다고 권리 보장에 있어 차별 받아서는 안 됩니다.

다른 아동과 동등하게 생명을 유지하고 기본적인 삶을 누리는 데 필요한 권리를 누려야 하고(생존권), 다른 아동과 동등하게 유해한 것으로부터 보호받을 권리를 누려야 하며(보호권), 다른 아동과 동등하게 잠재능력을 최대한 발휘할 수 있도록 교육을 받을 권리를 누릴 수 있어야 하고(발달권), 다른 아동과 동등하게 아동 자신에게 관련된 모든 일에 대해 알고 자신의 의사를 자유롭게 표현할 권리(참여권)를 누릴 수 있어야 합니다.

"장애아동의 권리 보장은 장애아동의 행복한 삶을 위한 것입니다."

장애아동의 권리가 중요한 만큼 권리 보장 역시 필요한 것입니다. 장애아동 권리 보장의 궁극적인 목적은 삶의 질을 높이기 위함입니다. 장애아동이 필요한 것을 배우고, 안전하게 보호받고, 즐겁게 놀이하고, 자신의 의견을 마음껏 표현할 수 있다면 얼마나 행복할까요? 이렇게 한 사람으로, 한 명의 고유한 존재로, 가치 있는 삶을 가진 한 인간으로 살아가기 위해 권리 보장이라는 토대가 필요합니다.

우리는 장애아동의 행복한 삶을 위해 장애아동의 권리 보장을 이야기하는 것입니다. 교육 현장에서 나와 함께하는 아이의 행복을 위해 고민하고 실천하는 일! 이보다 더 의미 있고 가치 있는 일이 있을까요?

이 책은 장애아동의 권리 실천을 위해 장애영유아의 교육현장(유치원, 어린이집 등)에서 실제 경험할 수 있는 사례를 중심으로, 우리가 놓치고 있던 장애영유아의 권리 보장을 위한 접근 방법이 무엇인지 고민한 책입니다.

사례들은 집필진이 현장에서 실제 겪었던 사례, 현재 교육현장에서 교사들이 고민하고 있는 사례, 그리고 영유아 교육기관의 컨설팅을 하면서 같이 풀어나갔던 사례를 중심으로 다루었습니다. 각각의 사례는 장애영유아 당사자의 입장과 교사의 입장에서 기술해 보았으며, 인권 존중에 기반한 실천방안에 대해 고찰한 내용을 제시하였습니다.

이 책은 누군가를 가르치고 조언하기 위한 책이 아닙니다. 15년에서 20년 이상 오랜 기간 현장에서 장애영유아와 함께하면서 인권에 기반한 교육을 실천하지 못했던 집필진의 반성과 자성의 목소리가 담긴 책입니다.

'아동 인권'이 존중되는 변화의 흐름 속에서, 장애영유아를 위한 교사들도 아동을 바라보는 시각과 교육 방향에 대해 변화가 절실히 필요한 시점입니다. 다수의 아이들을 보살펴야 하는 교사의 입장에서 매 순간 모든 아이들의 인권을 지켜주기란 쉬운 일이 아니라 말하고 교사들의 인권은 누가 지켜주느냐고 되묻기도 합니다. 우리들은 성인이라는 이유로 자신의 권리를 주장하지만, 아이들의 권리는 어리다는 이유로, 미성숙하여 아무것도 모른다는 이유로 지켜지지 못합니다. 아동의 인권은 당연히 존재하며, 존중받지 못하는 아동 인권을 지켜나가기 위해 현장의 교사들이 아동의 권리 보장을 실천해야 합니다. 일과 중 한 가지라도 아동의 입장에서 고민해 보고 아동의 인권을 존중하기 위해 노력한다면 인권 존중은 자연스럽게 이루어질 것입니다.

장애영유아가 보다 행복한 삶을 누리는 교육 현장으로, 행복한 아이들을 통해 선생님들도 행복하고 선생님들의 인권도 존중받는 현장으로 변화하는 데 작은 도움이 되기를 소망합니다.

이 세상의 모든 아이들이 존중받는 사회가 될 때까지 집필진도 아동 인권 존중을 실천해 나가겠습니다.

아울러 그동안 장애인 인권을 위해 늘 애쓰시던 故김송석 교수님께 이 글을 바칩니다.

2023년 1월

집필진 일동

차례

제1부
아동과 인권 이해하기

제2부
사례로 들여다본 장애아동 인권 존중하기

아동과 인권
이해하기

Part 1

1

존재로서의 아동 이해하기

'인권'이라는 익숙하면서도 어려운 주제를 다루기에 앞서 우리는 '아동'이라는 존재에 대해 고민해 볼 필요가 있습니다.

교사와 부모는 오랜 시간 아이들과 함께 하면서 '아동'에 대해 잘 알고 있다고 생각합니다. 물론 그럴 수도 있습니다.

다음의 질문에 답을 한번 해 보세요.

Q. 내가 생각하는 아동은? ○, ×로 답해 보세요.

- 아동은 스스로 할 수 있는 존재이다. ( )
- 아동은 스스로 생각할 수 있는 존재이다. ( )
- 아동은 스스로 결정할 수 있는 존재이다. ( )
- 아동은 감정을 느낄 수 있는 존재이다. ( )

아마도 대다수의 교사나 부모들이 모든 항목에 'O'를 선택했을 것입니다. 다시 말해 보면 아동은 어른과 동일하게 생각하고, 행할 수 있고, 결정할 수 있으며, 감정을 느낄 수 있는 존재라는 것입니다.

하지만 '알고 있는 것'과 '인정하고 받아들이는 것'은 다릅니다. 가끔 내가 잘 알고 있는 사람과 매우 사소한 일로 다투거나 싸울 때가 있습니다. '내 마음을 몰라줘서', '맞는 말인데 기분 나쁘게 말해서', '내가 하는 말을 안 들어서' 등 이유도 많습니다. 그들을 잘 알고 있는데도 말이죠.

나와 다른 태도나 견해를 가진 사람을 있는 그대로 받아들이는 일은 생각보다 쉽지 않습니다.

아동의 사전적 정의는 다음과 같습니다.

- 유치원에 다닐 나이에서 12~13세까지의 어린아이
- 신체적, 지적으로 미숙한 단계에 있는 사람
- 아동복지법에서 18세 미만의 사람을 이르는 말

출처 : Daum 사전.

사전적 정의에서 아동은 '미숙한 사람'으로 규정되고 있습니다. 이는 아이들을 바라보는 어른의 시각이 담겨 있기 때문이 아닐까요? 아동을 어른과 같이 스스로 생각하고 행동할 수 있는 존재라고 말하지만 과연 '아동'으로서의 존재 자체를 제대로 인정하고 있는 것일까요? 어른들의 사고나 기준에서 아이들을 바라보고 있는 것은 아닌지 점검해 볼 필요가 있습니다.

또한 '미숙한'이라는 전제보다는 '발달해 가는 과정에 있는'으로 아이들을 바라본다면 아이들의 행동과 표현이 조금은 다르게 보이지 않을까 생각합니다. '틀린 행동'이 아닌 '당연한 행동'으로 볼 수 있을 것입니다.

그리고 어린이집이나 유치원, 가정에서 발달에 차이를 보이거나 장애를 가진 아동이 있다면 다시 한 번 동일한 질문에 답을 해 보아야 합니다.

Q. 내가 생각하는 발달이 느린/장애아동은? ○, ×로 답해 보세요.

- 발달이 느린/장애아동은 스스로 할 수 있는 존재이다. ( )
- 발달이 느린/장애아동은 스스로 생각할 수 있는 존재이다. ( )
- 발달이 느린/장애아동은 스스로 결정할 수 있는 존재이다. ( )
- 발달이 느린/장애아동은 감정을 느낄 수 있는 존재이다. ( )

이번에는 어떻게 답을 하셨나요? 그동안의 경험에 기반한다면 의견이 분분할 것 같습니다.

간단한 질문을 다시 해 보겠습니다. '장애아동은 아동이 아닌가요?' 아마 이 질문에는 모두 '아니요. 당연히 장애아동도 아동이지요'라고 대답할 것입니다.

아동은 '미숙한 사람'으로 규정되어 그 존재로서 인정을 받기 어렵습니다. 이 때문에 발달에 다른 양상을 보이는 아동을 그 자체로 존엄한 '존재'라고 보기보다 무엇을 더 해주고, 더 가르치고, 치료해야 하는 '대상'으로 보는 경우가 많을 것입니다.

물론 아이가 성장해 사회의 일원으로 잘 살아가게 하기 위해서 지원과 안내가 필요합니다. 하지만 아무리 의도가 좋아도 그 방법이 지시와 억압과 같이 부적절하다면 스스로의 모습을 살펴보는 것이 필요합니다.

우리는 시각과 청각을 통해 무수히 많은 외부 자극을 받아들입니다. 그런데 수많은 자극 중에서 유독 되새겨지는 것은 타인에게 들었던 부정적인 말입니다. 아동과 장애아동도 성인과 동일합니다. 아직 모르는 것도 많고 실수도 많지만, 어른인 우리처럼 격려와 칭찬의 말을 바라지 비난을 듣고 싶어 하는 아이는 아무도 없습니다.

아이들의 인권을 지켜주기 위해서 아이들을 있는 그대로의 존재로 인정하고 받아들이는 과정이 선행되어야 할 것입니다.

다음의 에피소드를 읽고 한 명의 완전한 '존재'로서 아동을 인정하기 위해 어떠한 시각으로 아이들을 바라보아야 할지 고민해 보고 정리해 보는 시간이 되었으면 합니다.

Episode 1

어느 날 한 어머님이 말씀하셨습니다.

"아이가 요즘 말도 하고 반응을 보이기 시작해서 너무 좋기는 한데 고집이 세져서 힘들어요. 어떻게 해야 하죠?"

여러분이라면 이 질문에 어떤 답을 하시겠습니까? 그리고 우리는 여기서 무엇을 생각해 보면 좋을까요?

보통은 '고집'이라는 단어로 아이에게 편견을 갖게 되지만 말도 안 하고 크게 반응이 없던 아이에게 자기주장이 생겨난 것은 아닐까요? 부정적인 시각으로 보면 '고집'이지만 긍정적인 시각으로 보면 '자아'가 생긴 것이니 자연스러운 발달과정이라고 볼 수 있지 않을까요?

Episode 2

한번은 이런 질문을 던졌습니다.

"다음 사진에서 장애아동은 누구일까요? 왼쪽부터 1번, 2번, 3번입니다."

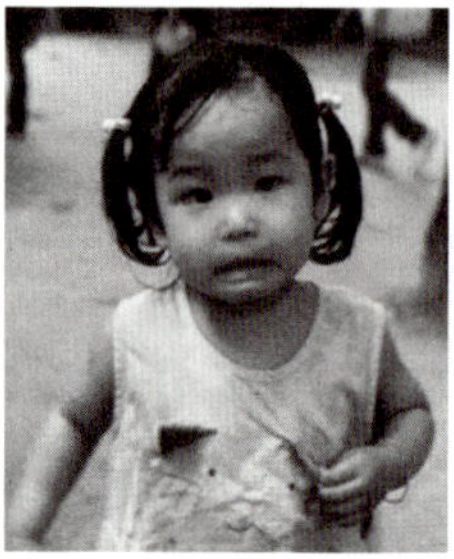

처음에 사람들은 고개를 갸웃거리다 질문을 합니다.

“저기요, 얼굴만 보고 어떻게 알아요?”

“네, 그렇지요. 그렇다면 대다수의 사람들은 누가 장애아동이라고 생각했을까요?”

이 질문의 단서를 찾기 위해 열심히 사진을 바라보다 한두 명씩 답을 말하기 시작합니다.

“1번이요.”

“2번이요.”

“왜 그렇게 생각하시나요?”

“1번 아이가 인상을 쓰고 뭔가 불편해 보여요.”

“2번 아이는 눈동자가 흐려요.”

“멍한 표정이 눈에 띄어요.”

분명 조금 전까지 얼굴만 보고 어떻게 알 수 있느냐고 반문하던 사람들이 너도나도 이 아이라며 확신에 찬 대답을 합니다. 과연 장애아동은 인상을 쓰고 뭔가 불편해 보이고 눈동자가 흐리고 멍한 표정을 하고 있을까요? 우리는 동등한 존재라고 하면서도 ‘장애아동’에 대해 다른 시선을 가지고 있는 것은 아닐까요?

2

아동의 권리 들여다보기

영유아기는 개인차가 큰 시기라는 것을 어른들은 잘 알고 있습니다. 그럼에도 불구하고 어른들은 자꾸만 이 사실을 잊는 것 같습니다. '다른 아이들은 잘 하는데…', '다른 아이들은 안 그러는데…', '얘만 왜 이러지?'라는 마음이 자꾸 생깁니다. 그리고 교사나 부모가 아이들과 가장 많은 갈등을 빚을 때가 아동이 말을 듣지 않거나 규칙을 지키지 않을 때라고 말하곤 합니다.

Q. 하루 일과 중, 아이들과 갈등을 빚는 상황은 언제인가요? 3가지만 작성해 보세요.

①

②

③

이러한 갈등이 빚어지는 이유는 아동이 교사나 부모가 원하고 기대하는 행동을 하지 않아서일 것입니다. 가만히 앉아 있으면 좋은데 계속 돌아다녀서, 친구들과 사이좋게 지내면 좋은데 친구들과 싸워서, 골고루 잘 먹으면 좋은데 편식이 심해서 등 아동이 성인이 생각하는 대로 해주면 좋은데 내(어른) 마음처럼 해주지 않아서 입니다.

아동이 교사나 부모의 기대에 어긋나는 행동을 할 때 우리는 '문제 행동'이나 '부적응 행동', '도전적 행동'이라는 용어를 붙이고 아이들을 대합니다. 그래서 아이들이 왜 이런 행동을 하고, 왜 이렇게 표현을 하는지 의도를 알려고 하기보다 어른들이 예측 가능하거나 기대하는 방식으로 아이들의 행동을 이해하고 고치고 가르치려고 합니다.

여기서 잠시 어린 시절을 떠올려보는 것이 필요할 것 같습니다. 다음의 질문에 솔직하게 답을 한번 해 보세요.

- 나는 부모님 말씀을 어긴 적이 없다.
- 나는 학교를 다니면서 수업시간에 졸거나 다른 생각을 해본 적이 없다.
- 나는 친구와 갈등이 생긴 적이 없다.
- 나는 학교 급식에서 먹기 싫은 음식이 나와도 참고 잘 먹었다.
- 나는 내가 좋아하지 않는 수업이나 활동을 할 때에도 항상 열심히 참여했다.

아마 모든 질문에 부끄러운 미소를 지으며 "아니요"라고 답을 했을 것입니다. 부끄러울 필요는 없습니다. 우리 모두에게는 스스로 선택할 수 있는 권리가 있기 때문입니다. 다만 나는 되고, 아이들은 안 된다는 모순된 생각만 하지 않으면 될 것입니다.

이처럼 어른인 나와 동등하게 모든 아이들은 '인권'을 가지고 있습니다. 천부성이라는 말처럼 인권은 하늘로부터 부여받은 권리로, 태어나면서부터 지니게 되는 기본적인 권리입니다. 또한 '인권'은 장애 여부와 상관없이 모두에게 주어지는 것이며 인종, 성별, 사회적 신분 등과 상관없이 모든 인간이 누려야 하는 보편성도 가지고 있습니다.

아동이 가지고 있는 대표적인 권리에는 생존권, 보호권, 발달권, 참여권이 있습니다.

- 생존권(Survival Rights) : 생명을 유지하고 기본적인 삶을 누리는 데 필요한 권리
- 보호권(Protection Rights) : 유해한 것으로부터 보호받을 권리
- 발달권(Development Rights) : 잠재능력을 최대한 발휘하는 데 필요한 권리
- 참여권(Participation Rights) : 아동 자신에게 관련된 모든 일에 대해 알고 자신의 의사를 자유롭게 표현할 권리

출처 : 이봉주 · 신원영(2017). '아동권리지수' 적용을 통한 아동권리 비교 연구. 한국아동복지학, 58, 171~203에서 수정 · 발췌.

이러한 인권은 누군가 빼앗거나 침해할 수 없는 불가침성의 권리임에도 불구하고, 아동의 권리는 자주 빼앗기거나 침해당하는 경우가 많습니다. 예를 들어, '발달권'을 인정하면서도 아이들의 발달 속도를 인정하지 않기도 하고, '참여권'을 인정하면서도 아이들이 내는 목소리를 무시하기도 합니다.

물론 의도적으로 아이들의 권리를 무시하고자 하는 부모나 교사는 많지 않을 것입니다. 아이들을 사랑하는 마음은 크지만 어른의 말을 잘 들어야 아이들이 잘 발달해 갈 수 있다고 생각하는 것입니다.

나의 행동이 아동 인권을 존중하고 있는지 판단하기 어렵다면, 가장 간단하게 나의 행동이 아동 이익을 최우선으로 고려하고 있는 행동인지, 내 입장에서 내가 편하기 위한 행동은 아닌지 고민해 보면 조금은 쉽게 답이 나올 수 있습니다.

최근 아동 인권에 대한 사회적 인식이 확대되면서 보육이나 교육 현장에도 변화가 일어나고 있습니다. 보육과정과 누리과정은 교사중심의 교육에서 벗어나 영유아중심 · 놀이중심으로 변화되었고, 아동의 놀이권에 대한 관심도 높아지고 있습니다. 아동 스스로 선택하고, 자유롭게 표현하고, 그들의 눈높이에 맞는 놀이를 자유롭게 하도록 하고 있습니다.

그럼에도 불구하고 여전히 우리나라 영유아 교육기관의 일과는 개별적 특성을 충분히 고려하기보다 모두 같은 시간에 놀이를 하고, 같이 밥을 먹고, 같이 잠을 자야 하는 특성이 강합니다. 이러한 집단생활은 각자의 개성을 인정받고 독창성을 펼쳐나가기에는 척박한 환경입니다. 그래서 각자의 특성을 인정하기보다 모두 똑같은 모습으로 보여지기를 기대하는 경우가 많고, 그 안에서 지켜야 할 규칙도 많습니다. 즉, 교사들의 입장에서는 아이들의 권리를 충분히 보장하기에는 많은 한계가 존재하며, 아동들의 입장에서는 내가 원하지 않는 하루 일과를 모두 다 잘 해내는 것이 버거운 일일 수 있습니다.

특히 비장애아동에 비해 장애아동이나 발달이 느린 아동들은 발달의 스펙트럼이 훨씬 더 넓고 특성 또한 다양합니다. 그래서 부모나 교사의 기대에 반하는 행동을 할 때가 많고, 장애아동들은 실수 행동이 아닌 문제 행동을 많이 보이는 아동으로 낙인 찍히는 경우가 많습니다. 예를 들어, 속상한 일이 생기면 말로 잘 설명하는 아동도 있지만, 울음으로 표현하는 아동도 있고, 자신이 마음 편한 장소로 가서 혼자만의 조용한 시간을 보내는 아동도 있습니다. 그러나 교사나 부모는 이런 상황에서 아동이 자신의 감정을 조곤조곤 말로 잘 표현해 주기를 기대합니다.

그렇다면 큰 소리로 우는 아동은 문제 행동을 하는 아이일까요? 당연히 아닙니다. 왜냐하면 감정을 표현하는 방법과 소통의 방법은 다를 수 있기 때문입니다. 조용히 자신의 의사나 감정을 표현하지 않는 아동과 달리 울거나 소리를 질러서라도 자신의 감정을 표현하는 아동을, 타인이 자신의 마음을 조금 더 잘 알아차릴 수 있도록 감정을 바깥으로 표출하는 아이라고 보면 어떨까요?

또한 비장애아동들에 비해 장애아동들의 경우 발달권과 참여권은 더 존중받지 못하는 경향이 있습니다. 장애아동들의 놀이는 무의미한 행동이나 발달에 저해되는 행동으로 여겨져 성인에 의해 침해되는 경우가 많습니다.

참여권의 경우에도 일반적으로 발달하는 아동은 교사나 부모가 알아차릴 수 있는 방식으로 자신의 의사나 감정을 표현하는 경우가 많지만, 발달이 느린 아동이나 장애아동은 그들의 발달 특성으로 인해 다른 방식으로 표현하기도 합니다. 세밀하게 관찰해야 알아차릴 수 있는 미세한 표정의 변화나 사람들을 피해 다른 공간으로 옮겨가는 행동 등으로 자신의 의사를 표현하기도 합니다.

이처럼 발달에 차이를 보이는 아동들의 모든 행동에는 의도와 메시지가 있지만 우리는 이를 간과하는 경우가 많습니다. 〈이번 생은 처음〉이라는 드라마 제목처럼 '이번 생에 부모는 처음이라', '이번 생에 교사는 처음이라' 때로는 우리도 모르게 아이들의 권리를 침해하고 있을 수 있습니다.

잘하고 싶지만 미처 몰라서 못하는 경우도 있습니다. 아동 인권을 존중하는 교사나 부모가 되기 위해서는 아동 인권에 대한 지식도 필요하지만, 인권이 침해되는 상황에서 아동의 입장에서 생각하고 공감하는 인권 감수성도 필요합니다. 아동에게 어떤 행동이나 말을 할 때 이러한 행동이 '학대'인지 아닌지에 기준을 두는 것이 아니라 '아동 인권'을 보장하는 행동인지 아닌지에 기준을 두고 판단하고 실행하는 연습이 필요합니다.

인권은 전 생애를 거쳐 당연히 보장받아야 하는 권리입니다. 모든 아동은 개개인이 다른 고유한 특성을 가진 존재로서 인정받아야 하며, 교사와 부모는 이를 존중하고 보장하여야 합니다.

제2부에서는 영유아 교육기관에서 자주 경험하는 사례들을 통해, 인권의 눈으로 아이들의 행동이나 표현을 어떻게 바라보고 지원해 줄 수 있을지에 대해 고민해 보는 시간을 갖고자 합니다. 여기에 제시된 사례가 정답은 아닙니다. 하지만 아동 인권을 고려한 접근 과정에 대해 함께 고민해 보면

서 조금 더 인권 친화적인 교사가 되어 인권 친화적인 교육 환경을 만들어 나가면 좋겠습니다.

3

장애영유아 권리 존중을 위한 체크리스트

교육 현장에서 장애영유아 권리 존중 실천을 위해 교사로서 갖추어야 할 항목들입니다. 다음의 체크리스트를 통해 현재 나는 얼마나 아동의 인권 존중을 실천하고 있는지 점검해 보는 시간을 가지면 좋을 것 같습니다.

장애영유아 권리 존중을 위한 교사 자가 체크리스트

연번	내 용	확인
1	하루 일과에서 장애영유아의 권리 존중을 실천하고 있습니까?	
1-1	등원 시 부모님과 헤어지는 것을 어려워 할 경우 충분한 시간을 가지며 즐겁게 하루 일과를 시작할 수 있도록 상호작용(기다려주기, 감정 읽어주기 등)을 하고 있다.	□
1-2	대소집단 활동보다 개별 놀이 활동을 계속하고자 할 경우 장애영유아의 요구를 수용하고 충분히 놀이할 수 있도록 기회를 제공하고 있다.	□
1-3	급 · 간식에 대한 장애영유아의 기호, 먹는 속도와 양을 존중하여 편안하고 즐겁게 먹을 수 있는 환경을 제공하고 있다.	□

1–4	음식 섭취에 민감한 장애영유아는 건강을 위해 다양한 음식을 섭취할 수 있는 기회를 제공하고, 편식이 심한 경우 가정과 협력하여 대체음식을 제공하고 있다.	□
1–5	낮잠 및 휴식에 대한 장애영유아의 개별적 수면 요구(자고 싶지 않은 장애영유아, 수면이 필요한 장애영유아 등)에 맞는 환경과 수면시간을 조성해 주고 있다.	□
1–6	배변, 배뇨 등 기본적인 생리 욕구(배변 시간, 배변 욕구 표현 방법, 배변 실수도 성장 과정으로 인정하기 등)를 존중해 주고 있다.	□
1–7	독립된 환경 또는 공간에서 화장실 지도 및 기저귀 갈이 등을 실시하여 수치심을 느끼지 않도록 존중해 주고 있다.	□
1–8	교사는 장애영유아가 자신의 의견이나 요구를 언제든지 표현할 수 있도록 지원하고, 그 표현을 일관성 있는 태도로 존중해 주고 있다.	□
1–9	장애영유아의 비언어적 표현(울음/표정/행동)을 수용하고 적절하게 응대해 주고 있다.	□
1–10	장애영유아의 이동할 권리(이동권)에 대해 충분히 이해하고 환경 구조 변경을 통해 충분한 공간을 확보하고 있다.	□
2	**자유놀이 시간에 장애영유아를 존중하는 상호작용을 하고 있습니까?**	
2–1	장애영유아의 개인차를 인정하고 자유놀이 시간에 자유롭게 선택하고 주도적으로 놀이할 수 있는 놀잇감을 제공하여 상호작용을 지원하고 있다.	□
2–2	장애영유아의 놀이 방식을 인정하고 다양한 놀이로 확장될 수 있는 구체적인 노력(상호작용, 놀잇감 제공, 환경 변화 등)을 하고 있다.	□
2–3	장애영유아의 놀이 시도 및 작은 도전에도 격려의 언어로 지지해 주고 있다.	□
2–4	장애영유아의 흥미, 관심, 기분 및 건강 상태를 살펴 인과관계에 따라 파악하고 상호작용하고 있다.	□

2-5	장애영유아와 또래 간의 상호 역동적인 관계를 파악하여 또래와 함께 활발히 놀이할 수 있도록 다양한 상호작용을 지원하고 있다.	□
3	**장애영유아가 교육과정의 계획과 운영에 참여할 수 있는 구조가 있습니까?**	
3-1	장애영유아가 만든 결과(작품, 사진, 노래, 블록, 구조물 등)를 있는 그대로 인정해 주고, 눈높이에 맞게 게시하고 있다.	□
3-2	장애영유아의 자유로운 표현(선호놀잇감, 반복놀이 등)이 수용되는 분위기를 조성하여 교육과정을 운영하고 있다.	□
3-3	규칙을 정할 때는 장애영유아에게 의견을 묻고 의사표현의 의미(표정, 행동 등)를 파악하여 동의를 구하고 반영하고 있다.	□
4	**장애영유아 권리 존중의 이해와 실천을 위한 교사교육에 참여하고 있습니까?**	
4-1	장애영유아 권리 존중(UN아동권리협약 내용 이해, 장애영유아의 권리 교육 등)을 위한 교사교육에 참여하고 있다.	□
4-2	아동학대 예방교육, 아동학대 신고의무자에 대한 교육 등을 이수하였다.	□

출처 : 서울특별시육아종합지원센터(2015). 영유아 권리 존중을 위한 자가 체크리스트. 서울시, p.1~2를 참고하여 수정 · 보완함.

사례로 들여다본
장애아동 인권 존중하기

Part

2

사례 1

나도 친구들과 함께 낮잠을 자고 싶어요

나는 만 2세 사랑이에요.

나는 낮잠 시간에 잠을 자지 못해요. 엄마의 어깨 위나 차 안에서는 잘 수 있지만 교실에서는 잠이 오지 않아요. 선생님께서 나를 재우려고 어깨를 토닥이고 자장가를 불러주시지만 나는 교실 밖을 나가고 싶어 일어나서 문 쪽으로 가요.

사랑이는 어떤 마음이었을까요?

여기는 내가 잠자기에 너무 불편해요. 친구들도 많고 새로운 선생님 품도 낯설어요. 엄마 차에서 조용히 자고 싶어요. 익숙한 엄마의 어깨 위에서 푹 자고 싶어요. 자고 싶은데 못 자서 나도 힘들어요.

교사는 어떤 마음이었을까요?

사랑이는 잠이 들기 전까지 보채기가 심하고 크게 우는 아이에요. 아무리 달래도 소용이 없어서 무척 속상해요. 그리고 너무 크게 울어서 외부 사람이 아동학대 의심으로 신고를 할까 봐 걱정스럽기도 해요. 안아주기도 하고, 옆에 누워서 토닥여주기도 하지만 계속 울고 문 앞으로 가기만 해서 어떻게 해야 할지 모르겠어요.

그냥 이대로 울음이 그칠 때까지 기다려야 할까요? 아니면 부모님께 연락을 드려야 할까요? 매번 사랑이가 울 때마다 가정에 전화를 하면 제 자신이 무능한 교사처럼 느껴져요.

이렇게 해 보았어요

부모님과 충분한 협의를 통해 사랑이가 낮잠 시간을 편안하게 보낼 수 있는 여러 방법을 시도해 보았어요. 잠자리에 들기 전 편안함을 느낄 수 있도록 자주 안아주기도 하였고, 집에서 잘 때 쓰는 이불과 베개를 가져와 잠깐 누워보기도 했어요. 그리고 너무 잠들기 힘들어하면 유모차를 태워서 산책을 나가기도 했어요. 그랬더니 조금씩 누워 있기도 하고 제 품에 안겨서 편안히 기대 있기도 했어요.

인권의 눈으로 바라보아요

아이들은 낮잠 시간을 편안하게 보낼 권리가 있습니다.

아이들의 발달과 성장에 '낮잠'이 중요한 것은 맞습니다. 하지만 정해진 시간에 맞춰서 모두가 잠을 잘 수 있는 것은 아닙니다. 잠을 자는 아이든 잠을 자지 않는 아이든 낮잠 시간은 모두 편안하게 휴식을 취할 수 있는 시간이 되어야 합니다. 특히 민감도가 높고 새로운 환경에 적응하기 어려운 아이는 낮잠 시간이 편안해질 때까지 많은 시간이 필요합니다.

'어떻게 하면 아이가 낮잠 시간에 편안해질까?'를 고민하고 다양한 방법을 시도해 봐야 합니다. 편안한 분위기, 안정감을 느낄 수 있는 소리나 물건 등을 활용해 볼 수 있습니다. 아이들의 개별적인 어려움을 잘 파악하고 적절한 지원이 이루어진다면 '낮잠' 자는 시간이 조금은 더 행복해질 것입니다.

사례 2

갑자기 사진을 찍으면 마음껏 놀 수 없어요

나는 만 4세 소망이에요.

나는 공동 놀이실에서 신나게 트램펄린을 타고 있었어요. 그런데 선생님이 갑자기 휴대폰으로 제 얼굴 가까이에서 사진을 찍으셨어요. 깜짝 놀라서 트램펄린 타던 것을 멈추었어요. 갑자기 멈추다 보니까 중심을 잡기도 힘들었어요.

소망이는 어떤 마음이었을까요?

나는 마음껏 몸을 움직이면서 신나게 놀이 하는 것이 좋아요. 그런데 갑자기 선생님이 사진을 찍기 위해 팔을 뻗어 깜짝 놀랐어요. 당황해서 놀이를 멈추게 되니까 신나는 마음이 없어졌어요.
내가 즐겁게 놀고 있는데 방해받으니까 속상했어요.
선생님도 사진 찍지 말고 우리와 같이 놀았으면 좋겠어요.

교사는 어떤 마음이었을까요?

소망이는 공동 놀이실에서 놀이할 때 가장 밝게 웃어요. 그런 자연스러운 모습을 사진에 담고 싶었어요. 알림장을 통해 소망이가 즐겁게 생활하는 사진을 보내면 부모님도 기뻐하실 테니까요. 저도 아이들과 함께 더 놀고 싶지만, 소망이 어머니께서 예쁜 사진을 많이 보내 달라고 요청하셔서 더 열심히 사진을 찍고 있어요.
아이들과 함께 놀이하는 시간이 줄어도 어쩔 수 없지요.

이렇게 해 보았어요

소망이가 놀이하고 있을 때 사진을 찍으면 놀이가 중단되는 모습이 여러 차례 관찰되었어요. 그래서 사진을 찍기 전에 소망이에게 미리 말해 주거나 사진을 찍어도 되는지 미리 물어보고 놀이에 방해가 되지 않도록 했어요. 그랬더니 소망이가 놀이를 멈추지 않고 신나게 놀았어요.

또한 교사 회의에서도 온라인 알림장에 사진을 활용하는 방법에 대해 협의했어요. 논의된 결과를 원장님이 부모교육을 통해 충분히 설명 드렸고, 사진보다는 아이들의 놀이에 더 집중하겠다고 안내 드렸더니 사진 요청이 많이 줄었어요. 그래서 사진에 대한 부담도 줄고 아이들과 더 많은 놀이를 할 수 있게 되었어요.

tip

교사 회의를 통해 사진 활용에 대한 구체적인 대안을 마련해 보세요.

- 사진 장수를 제한하기
- 사진 촬영보다는 아이들과 함께 하는 놀이 시간이 교사에게 더욱 소중하다는 것에 대해 안내하기

인권의 눈으로 바라보아요

아이들은 자신의 놀이 시간을 마음껏 누릴 권리가 있습니다.

아이들이 놀고 있을 때 사진 찍기와 같은, 예고되지 않은 교사의 행동은 아이들의 놀이를 방해합니다. 아이들의 놀이 장면을 사진으로 남기는 것도 의미있지만 선생님이 아이들과 함께 즐겁게 놀이하는 시간이 더욱 소중합니다.

교사는 아이들의 놀이를 관찰하고 지원해야 합니다. 사진 찍기가 교사의 또 다른 업무 부담으로 가중된다면 아이들의 놀 권리를 지킬 수 없습니다.

사례 3

선생님 우리가 무엇을 하는지 바라봐 주세요

나는 만 5세 태양이에요.

선생님은 놀이 시간이면 바닥에 떨어진 놀잇감을 자꾸 치우세요. 놀이 시간에 혼자 앉아 블록 놀이를 하는데 역할 영역에서 친구들이 놀고 있었어요. 친구들이 있는 쪽으로 걸어가고 있었는데 친구의 블록이 발에 걸렸어요.

친구는 나를 보고 큰 소리로 "왜 건드려? 저리 가!"라고 얘기하며 선생님께 갔어요. 그리고 "선생님, 태양이가 내가 만든 블록을 발로 또 찼어요"라고 했어요. 선생님은 나에게 와서 "친구 블록 왜 찼어요?"라고 했어요. 나는 가만히 서 있었어요.

태양이는 어떤 마음이었을까요?

나는 친구들과 함께 놀고 싶었어요. 친구들이 뭘 하는지 궁금해서 다가가다가 친구의 블록을 못 보고 발로 건드렸어요. 친구의 놀잇감을 넘어뜨린 것은 미안하지만 일부러 그런 것은 아니에요.

나도 블록이 발에 밟혀서 아팠는데 나만 혼이 났어요. 선생님이 "친구 블록 왜 찼어요?"라고 물었을 때 어떻게 말해야 할지 몰라 당황스러웠어요. 상황을 모르고 친구의 말만 믿는 선생님이 미웠어요.

교사는 어떤 마음이었을까요?

아이들이 놀잇감에 걸려 넘어져 다칠까 봐 늘 걱정이 돼요. 그래서 아이들이 놀이 하는 시간에 놀잇감이 발에 걸리지 않게 자주 정리하고 있어요. 우리 반 아이들과 상호작용도 하고 함께 놀고 싶은데 아이들이 놀잇감에 걸려 넘어질까 봐 늘 조마조마해요. 놀이 시간에 아이들이 넘어지지 않게 바닥에 있는 놀잇감을 정리하고 있어서 그 장면을 직접 보지는 못했어요. 그런데 평소에 태양이가 친구들의 놀잇감을 발로 차거나 무너뜨려서 당연히 태양이가 또 그랬다고 생각했어요.

이렇게 해 보았어요

우리 반 아이들이 위험하게 놀이를 하는지 살펴보았어요. 그리고 놀이 시간에 교사로서 놀이 지원을 위해 관찰을 얼마나 하고 있는지도 점검해 보았어요. 제가 안전에 대한 염려가 너무 많아서 아이들의 놀이 관찰을 잘 하지 못하고 있다는 것을 알게 되었어요. 태양이의 놀이도 관찰해 보았더니 친구들을 방해하는 것이 아니라 친구들의 놀이를 관찰하려는 다양한 행동이었어요.

친구들에게 태양이의 마음을 전달하고 혹시 실수를 할 경우에 어떻게 얘기해 주면 좋은지 함께 생각해 보는 시간을 가져 보았어요. "태양아, 다음엔 조심해 줘. 놀잇감이 무너지면 나도 속상해. 같이 놀자"와 같이 태양이와 소통할 수 있는 방법을 찾았어요. 그랬더니 태양이도 점차 친구와 함께 놀이 하는 시간이 늘었어요. 그리고 태양이가 친구들에게 다가갈 때는 주변을 살필 수 있도록 미리 얘기해 주고 조심할 수 있도록 하였어요.

인권의 눈으로 바라보아요

아이들은 놀이 시간에 교사의 세심한 관심과 지원을 받을 권리가 있습니다.

우리가 미처 관찰하지 못하는 상황들이 현장에서 많이 발생합니다. 교사의 선입견으로 아이들의 행동을 잘못 이해하게 되면 아이들은 적절한 지원을 받지 못하게 됩니다.

아이들을 이해하기 위해서는 세심한 관찰을 통해 놀이 상황의 맥락을 잘 파악해야 합니다. 관찰을 통해 아이들 개개인에게 필요한 지원을 해 줌으로써 발달과 성장을 도모할 수 있습니다. 교사의 안전에 대한 지나친 염려와 관찰되지 않은 상황에 대한 선입견은 아이들의 놀이권을 침해합니다.

사례 4

오늘은 어디로 가나요? 너무 헷갈려요

나는 만 4세 시은이에요.

매일 유치원에 가야 하지만 날마다 달라요. 일주일에 두 번은 치료실에 가요. 치료가 끝난 후 등원해서 혼자 점심을 먹어요. 보충 치료가 있는 날은 결석도 해요. 때로는 치료 시간을 맞추기 위해 갑자기 놀이를 멈추고 허겁지겁 하원 준비를 하기도 해요.

가는 곳과 밥 먹는 시간이 매일 다르기 때문에 헷갈려요. 놀이 도중 엄마가 언제 오실지 몰라 교실 문을 수시로 쳐다봐요.

시은이는 어떤 마음이었을까요?

나는 매일 다른 곳에 가야 해서 마음이 불안해요. 어느 날은 재미있게 놀고 있는데 엄마가 오셨대요. 나는 더 놀고 싶지만 가야 했어요. 또 어느 날은 밥을 맛있게 먹다가 그만 먹고 가야 해서 급하게 서두르다 보니 배가 아팠어요.

매일 오늘은 어디로 가는지 알 수가 없어 답답하고 헷갈려요.

교사는 어떤 마음이었을까요?

매일 변경되는 일정으로 저도 헷갈려요. 시은이에게 자세히 알려 주고 싶지만 자주 변경되다 보니 알려 주기가 힘들어요. 일정이 변경되었을 때 부모님이 저에게도 미리 알려 주시면 좋겠어요. 그러면 시은이에게 사전에 알려 줄 수 있었을 거예요.

어쩔 수 없이 시은이를 재촉하게 되어 매번 급하게 서두르는 시은이가 안타까웠어요.

이렇게 해 보았어요

매일 변경되는 일과로 시은이가 힘들어 해서 부모님과 규칙적인 일정이 되도록 협의했어요. 그리고 시은이가 알 수 있도록 일과를 그림으로 만들어 유치원과 가정에서 활용해 보았어요. 처음에는 어려워했지만 반복적인 일과 안내를 통해 시은이도 차츰 변화된 일정을 이해하기 시작했어요.

시은이의 일정이 규칙적이어서 예측 가능하다 보니 저도 시은이를 재촉하지 않고 편안하게 준비시키게 되었어요.

인권의 눈으로 바라보아요

아이들은 규칙적인 일과 안에서 편안함을 누릴 권리가 있습니다.

불규칙한 생활 패턴은 아이들에게 불안을 유발합니다. 성인이 일관되지 않은 일정을 일방적으로 통보하는 것은 아이들을 더욱 불안하게 합니다. 불안한 마음은 아이들의 생활 전반에 영향을 주어 초조하고 불안정한 생활을 하게 합니다.

일상생활 속에서 안정감을 가질 수 있도록 규칙적인 생활을 만들어 주세요. 그리고 변화된 상황에 잘 적응할 수 있도록 미리 안내해 주세요.

사례 5

클레이(점토) 놀이가 제일 재미있어요

나는 만 3세 채영이에요.

클레이를 조금씩 떼서 동글동글 만들기를 했어요. 그런데 선생님은 매일 클레이만 가지고 놀이 한다고 손이 닿지 않는 높은 곳에 올려놓았어요. 그리고 퍼즐 맞추기나 도형 그리기를 하라고 하세요. 클레이 놀이를 못 하게 하니까 책상 밑에 숨어서 해요.

채영이는 어떤 마음이었을까요?

나는 클레이 놀이가 제일 재미있어요. 그런데 선생님이 원하는 놀이를 하라고 하면 재미도 없고 하기 싫어요. 좋아하는 클레이가 보이지 않으면 속상해요. 클레이 놀이만 한다고 할까 봐 눈치를 보게 되고 잘못한 것처럼 숨게 돼요. 자꾸 내 놀이를 방해받는 것도 정말 싫어요.

교사는 어떤 마음이었을까요?

매일 똑같은 놀이를 하는 게 재미가 없을 것 같아 도와주고 싶어요. 다른 친구들처럼 다양한 놀이 경험을 하게 해 주고 싶어요. 어머님도 다양한 놀이를 했으면 좋겠다고 하셔서 다른 놀이로 전환시키려고 노력하고 있어요. 그리기나 퍼즐 맞추기에도 관심을 갖도록 제시해 주고 있는데 채영이가 클레이만 찾아서 속상해요.

이렇게 해 보았어요

채영이가 좋아하는 클레이를 이용해서 여러 놀이를 할 수 있도록 안내해 주었어요. 새로운 놀잇감을 추가해서 찍어 보기도 하였고 가위로 자유롭게 잘라 보기도 했어요. 동그란 모양만 만들던 채영이가 스스로 가위를 꺼내서 잘라 보려고 시도하는 모습을 보이고 있어요.

새로운 놀이를 제시하기보다는 채영이의 놀이를 따라가며 조금씩 변형해 보니 훨씬 더 많은 관심과 다양한 놀이가 나타났어요.

지금은 채영이가 좋아하는 놀잇감 위에 점토를 붙이기도 하고 그릇에 클레이를 담아 친구에게 주면서 즐거워한답니다.

tip

- 클레이를 이용하여 만든 다양한 작품들의 사진을 찍어 클레이 책을 만들어 주세요.
- 클레이 책을 보면서 자연스럽게 놀이 확장이 일어날 수 있어요.
- 아이들의 작품을 멋지게 게시해 주면 자존감도 높아져요.

인권의 눈으로 바라보아요

아이들은 자신의 놀잇감을 자유롭게 선택할 권리가 있습니다.
교사가 계획한 놀이를 강요해서는 안 됩니다.

아이들은 좋아하는 놀이를 스스로 선택하고 놀이할 때, 더욱 확장된 놀이를 할 수 있습니다. 매일 똑같은 놀이를 하는 것처럼 보이지만 그 속에서 새로운 발견과 경험을 하고 있습니다.

교사는 세심한 놀이 관찰을 통해 아이의 마음을 이해하고 좋아하는 것을 함께 해야 합니다. 아이들이 바라보고 있는 곳, 하고 싶어 하는 것이 무엇인지 관심을 가지고 그 놀이를 먼저 인정해 주세요.

사례 6

블록은 나의 마음을 편안하게 해줘요

나는 만 3세 현우에요.

나는 어린이집에 블록을 가지고 가요. 그런데 엄마는 가지고 가면 안 된다고 해요. 선생님도 어린이집에 장난감을 가지고 오면 안 된다고 하세요. 그래도 나는 블록을 가방에 넣고 가요.

현우는 어떤 마음이었을까요?

엄마랑 헤어지면 마음이 허전하고 집에 가고 싶은 생각이 나요. 그래도 블록이 있으면 엄마와 함께 있는 것 같아 마음이 편안해요.

나의 마음도 몰라주고 무조건 안 된다고 하니까 속상해요. 가방에 몰래 블록을 넣어 갈 때는 두근두근 하지만 그래도 블록을 너무 가져가고 싶어요.

교사는 어떤 마음이었을까요?

블록으로 놀지도 않으면서 블록을 왜 자꾸 가지고 오는지 모르겠어요. 어린이집에 올 때는 집에서 놀잇감을 가지고 오지 않기로 규칙이 정해져 있으니까 현우도 가지고 오게 하면 안 될 것 같아요. 한 번 가지고 오게 되면 계속 그럴 테니까 처음부터 안 되는 것은 안 된다고 알려주어야 해요. 그리고 다른 친구들도 집에서 가지고 올까 봐 걱정이에요.

이렇게 해 보았어요

현우를 관찰해 보니까 블록을 그냥 주머니에 넣고 다니면서 가끔 만져보고 확인을 하더라고요. 블록이 현우에게는 특별한 의미가 있는 것 같았어요. 엄마와 헤어질 때 꼭 필요한 놀잇감이었어요.

그래서 블록을 주머니에 넣고 다닐 수 있도록 하였고 수시로 현우의 마음을 살피면서, 현우를 안아주거나 허전한 마음을 공감해 주었어요. 그랬더니 블록을 만지는 횟수가 줄었고 놀이에 집중하는 시간이 길어졌어요.

부모님께는 하원 후 엄마와 떨어졌던 시간을 잘 보내고 온 것에 대해 칭찬하고 격려해 주도록 안내하였어요.

인권의 눈으로 바라보아요

아이들은 성인들로부터 마음을 보호받고 인정받을 권리가 있습니다.

적응의 속도는 아동마다 다르며 그 과정도 다를 수 있습니다. 적응하는 과정 가운데 마음의 불안함을 다양한 행동과 방법으로 안정시키려 합니다. 그것은 놀잇감이나 물건, 또는 반복적인 행동들을 통해 나타날 수도 있습니다.

겉으로 드러나는 행동보다는 그 행동에 담겨 있는 마음을 공감해 줄 때 아이들은 안정감을 느끼며 잘 적응할 수 있습니다. 성인들은 아이들의 행동을 잘 살피고, 마음을 헤아리며 보호해 주어야 합니다.

사례 7

'주말 지낸 이야기' 나도 얘기하고 싶어요

나는 만 4세 민수에요.

내가 블록으로 자동차를 만들면 친구들이 다가와서 "와 멋지다!" 라고 얘기해요. 그리고 "어떻게 만들었어?"라고 물어봐서 만든 방법을 얘기해 주면 친구들이 모르겠대요.

주말 지낸 이야기 시간에도 친구들 앞에 서서 엄마랑 동물원 갔던 얘기를 했어요. 그런데 친구들이 "뭐 봤다고? 코끼리가 뭐 했다고?"라면서 모르겠다고 해요. 선생님을 쳐다봤는데 선생님도 "다시 이야기해 볼까?"라고 해서 다시 말했는데 또 모르겠다고 해요.

나는 그냥 서 있다가 자리에 들어와 앉았어요.

민수는 어떤 마음이었을까요?

나는 열심히 얘기하지만 친구들과 선생님이 내 말을 이해하지 못해서 답답해요. 말을 할 때마다 못 알아들었다고 하고 다시 얘기해 보라고 하니까, 나는 말을 하는 것이 점점 더 어렵게 느껴지고 말하기도 싫어져요. 주말 지낸 이야기를 해야 하는 시간에도 내 말을 못 알아들으니까 그냥 서 있기만 해서 속상했고, 친구들이 이야기하는 동안 앉아서 기다리는 시간은 심심했어요.

나도 친구들과 함께 얘기하고 싶고 주말에 재미있었던 이야기도 들려주고 싶어요.

교사는 어떤 마음이었을까요?

민수의 말을 이해할 때도 있지만 사실 저도 거의 알아듣지 못해요. 그리고 친구들도 민수의 말을 이해하지 못해 대화가 잘 안 돼요. 특히 친구들에게 주말 지낸 이야기를 할 때는 그냥 서 있기만 하니까 어떻게 도와줘야 할지 몰라 저도 당황스러워요. 이젠 아예 참여하지 않고 앉아만 있으려 하니까 안타깝기도 하고, 말하는 것을 부담스러워 하는 것 같아 억지로 이야기를 하도록 하는 게 고민이 돼요.

민수가 조금 더 자신감을 가지고 이야기할 수 있도록 도와주고 싶은데 어떻게 해야 할지 모르겠어요.

이렇게 해 보았어요

민수가 간단하게라도 친구들 앞에서 말을 할 수 있도록 해 보았어요. 부모님과 협의해서 주말에 있었던 내용과 사진을 전달해 달라고 요청 드렸어요. 그림이나 사진을 활용해서 이야기를 전달하도록 했더니, 민수가 정확하게 말하지 않아도 친구들이 민수가 주말에 무엇을 했는지 알 수 있게 되었어요. 민수가 사진을 가리키면서 단어로 말을 해도 제가 "아! 민수는 엄마랑 아빠랑 동물원에 다녀왔구나!"라고 다시 한 번 내용을 전달해 주었어요. 친구들이 민수의 이야기를 이해하고 "무슨 동물 봤어?", "와 좋았겠다"라고 말하자 민수도 좋아하더라고요.

이제는 다른 친구들도 주말 지낸 이야기를 하려고 그림이나 사진을 준비해 오기도 해요. 지금도 정확하게 말하는 데 어려움이 있지만 자신감도 많이 생기고 즐겁게 참여하고 있어요.

인권의 눈으로 바라보아요

아이들은 다양한 방식으로 소통할 권리가 있습니다.
'의사소통'은 꼭 '말'로만 할 수 있는 것은 아닙니다. 교육 현장에서 우선적으로 고려해야 할 점은 아이의 발달에 따른 다양한 의사소통 방법을 찾는 것입니다. 발음이 부정확한 아이들도 소통하고 싶어 하고 소통할 수 있는 능력이 있습니다. 발음이 부정확하다고 해서 말할 수 있는 기회가 주어지지 않는다면, 자신감을 잃고 말을 점점 더 하지 않을 수 있습니다. 성인들은 아이들의 의사소통 특성을 잘 파악하고 필요한 지원을 해 주고, 자신감을 갖고 말할 수 있는 기회를 제공해야 합니다.

사례 8

친구와 함께 앉고 싶어요

나는 만 5세 아율이에요.

나는 혼자 앉거나 서지 못해요. 그래서 의자에 많이 앉아 있어요. 놀이시간이 끝나고 친구들은 선생님 앞에 모여 앉아서 동화를 듣지만, 나는 친구들과 떨어져서 혼자 의자에 앉아요.

아율이는 어떤 마음이었을까요?

나는 친구들을 좋아해요. 친구들과 함께 활동하는 것이 좋아요. 친구들은 모두 같이 앉아 있는데 나만 의자에 앉아 있어서 싫어요. 친구들하고 카펫에 함께 앉고 싶은데 매일 의자에 혼자 앉아 있어서 속상해요.

교사는 어떤 마음이었을까요?

아율이는 신체적인 어려움으로 의자에서 바른 자세를 유지할 수 있도록 해야 해요. 카펫에 앉는 것보다 의자에 앉는 것이 바른 자세를 유지할 수 있어서 더 좋을 것 같아요. 바른 자세를 유지할 수 있도록 도와달라는 어머님의 요청도 있으셨기 때문에 대그룹 시간이면 아율이를 의자에 앉도록 배려하고 있어요.

이렇게 해 보았어요

동화책을 읽는 동안 아율이의 시선이 친구들에게 가 있는 것을 알았어요. 친구를 좋아하는 아율이가 카펫에 함께 앉을 수 있도록 낮은 의자를 준비했어요. 그런데 친구와 함께 앉을 수는 있었지만 허리가 구부정해져서 아율이가 힘들어했어요.

방법을 바꿔 아율이 눈높이에 맞춰서 친구들이 함께 앉을 수 있도록 의자 2~3개를 더 준비했어요. 친구들이 나란히 의자에 앉자 아율이도 즐거워하면서 동화에 잘 집중하였어요.

tip

- 지체장애 아이들이 교실에서 이루어지는 다양한 활동에 잘 참여할 수 있도록 환경적 지원을 해 주어야 합니다.
- 바닥에 앉을 수 있는 의자, 기울기가 조절되는 낮은 책상, 낮은 의자, 웨지 등을 비치하고 활동에 맞게 자세를 바꿔 주어야 합니다.

환경 지원 방법

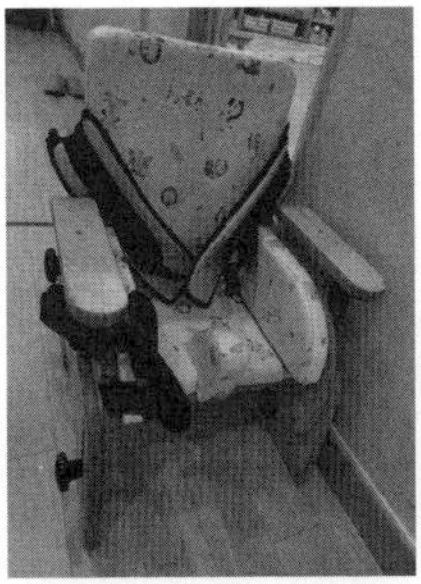
자세를 유지하고 활동할 수 있어요.

벽이나 교구장이 있는 코너에 쿠션을 대면 코너에 기대앉아 활동할 수 있어요

자세를 유지하고 활동할 수 있어요.

낮은 책상을 이용하면 친구와 함께 만들기를 할 수 있어요.

웨지를 언어영역에 비치하면 엎드려서 친구와 함께 책을 읽을 수 있어요.

인권의 눈으로 바라보아요

아이들은 개별적인 특성과 요구에 맞는 지원을 받으며 차별받지 않을 권리가 있습니다.

모든 아이들은 친구들과 함께 하는 활동을 즐깁니다. 신체적 어려움으로 인해 움직임이나 자세에 제약이 있는 아이는 환경적 · 물리적 지원을 통해 모든 활동에서 소외되지 않고 즐겁게 참여할 수 있어야 합니다.

그리고 또 한 가지 고려해야 할 점은 장애영유아가 친구들에게 다가갈 수 있지만, 친구들이 장애영유아 곁으로 다가올 수 있는 방법도 있다는 것입니다.

통합은 물리적 환경 지원을 통해 친구들과 어우러질 수 있는 방법을 고민하는 것으로부터 시작됩니다.

사례 9

내가 만든 것이 동물원이에요

나는 만 4세 준우에요.

나는 호랑이, 사자, 코끼리를 하나씩 꺼내서 책상 위에 올려놓았어요. 그리고는 기린, 곰, 원숭이도 책상 위에 올려놓고 다른 동물 모형들도 다 꺼내서 책상 위에 올려놓았어요.

그런데 선생님이 동물원을 만들자고 하면서 블록을 꺼내 울타리처럼 만들고 동물 모형을 그 속에 넣었어요. 나는 울타리 안에 있는 동물들을 다시 꺼내서 책상 위에 하나씩 올려놓았어요.

준우는 어떤 마음이었을까요?

나는 동물 모형을 보는 것이 제일 재미있어요. 그리고 친구들과 동물을 함께 보고 싶어서 책상 위에 올려놓지요. 그러면 멋진 동물원이 돼서 정말 좋아요. 그런데 선생님은 블록으로 동물원을 만들자고 하세요.

내 책상은 이미 동물원인데 동물원을 다시 만들라고 하니 너무 답답하고 속상했어요. 내가 애써 책상 위에 멋지게 놓은 동물 모형도 선생님이 마음대로 옮겨버려서 화가 났어요.

교사는 어떤 마음이었을까요?

준우는 동물 모형을 책상 위에 나열하기만 해요. 동물 모형을 가지고 놀이는 안 하고, 계속 올려놓고 쳐다보기만 해요. 준우가 좀 더 다양하게 놀았으면 좋겠는데 계속 나열하기만 하니까 답답해요.

그래서 준우가 동물 모형을 좋아하는 것을 강점으로 보고 동물원 놀이로 연계하면 좋아할 것 같았어요. 동물원 만들기 놀이를 함께 해 보려고 여러 놀잇감도 가져오고 블록으로 동물원을 만들어도 봤지만, 준우는 관심도 없고 동물 모형을 다시 책상 위에 나열하기만 해서 너무 속상해요.

이렇게 해 보았어요

준우가 책상 위에 동물 모형을 올려놓을 때 관찰해 보니 동물을 종류별로 나눠 놓기도 하고, 친구들이 볼 수 있는 방향으로 돌려 놓기도 하는 거예요. 친구들이 동물 모형을 쳐다볼 때 즐거워하는 모습도 보였어요.

준우가 책상 위에 동물원을 만들고 있다고 생각하게 되었고, 자유롭게 놀이하게 했어요. 그리고 책상 가까이에 동물 사진이나 다른 동물 모형, 블록 등을 두었더니 책상 위에 올려 더 풍부하게 구성하였어요. 점점 멋진 동물원으로 발전되었고 다른 놀이를 하던 친구들도 다가와 동물원 만들기에 동참하게 되었어요. 동물원 만들기 놀이는 한동안 우리 반 친구들의 즐거운 놀이 활동이 되었고, 준우도 친구들과 함께 놀이하며 즐거워하였어요.

인권의 눈으로 바라보아요

아이들의 행동 하나하나는 중요한 의미를 가지며, 존중받아야 합니다.

아이들이 같은 행동을 계속 반복하거나 한 가지 행동만 할 때 성인은 문제 행동으로 바라보고 고쳐야 한다고 생각합니다. 하지만 그 행동은 놀이를 스스로 시도하는 경험, 놀이 과정 변화, 완성된 놀이를 통한 성취감 등의 의미를 가집니다.

아이들의 행동 속에 있는 의미를 들여다보고 아이가 하는 놀이 그대로를 인정해 주어야 합니다. 놀이를 성인의 기준으로 바꾸기보다는 있는 그대로의 놀이를 공감하고 충분히 놀이할 수 있도록 기다려 줄 때 아이들은 성장합니다.

사례 10

빨리 갈아입고 싶어요

나는 만 3세 민석이에요.

우리 반에는 선생님이 두 명 있어요. 저는 요즘 기저귀 가리기를 연습 중이에요. 그런데 놀이에 집중하느라 화장실에 가지 못 하고 바지에 소변을 보았어요. 선생님 한 분이 저를 쳐다보셨어요. 선생님은 바닥의 오줌을 닦으며 기다리라고 했어요.

친구들은 놀이를 하고 있는데 나는 다른 선생님이 오실 때까지 서서 기다렸어요.

민석이는 어떤 마음이었을까요?

나는 젖은 옷을 빨리 갈아입고 놀고 싶었어요. 엉덩이는 축축하고 점점 불편한 마음이 들어 짜증이 나고 화가 났어요. 친구들이 저를 쳐다볼 때는 창피했어요. 그런데 옆에 계신 선생님이 도와주지는 않고 기다리라고 하니까 당황스러웠어요.

교사는 어떤 마음이었을까요?

같은 교실에서 함께 생활하지만 민석이를 담당하는 선생님은 따로 계세요. 담당 선생님이 계시니까 민석이를 제가 지도하는 것은 조심스럽기도 하고, 담당 선생님이 하시는 것이 맞지 않을까 해요. 그런데 민석이가 쳐다보니까 도와줘야 할지 가끔은 고민이 돼요.

이렇게 해 보았어요

민석이가 바지에 소변을 싼 채로 기다리다가 담당 교사가 돌아왔을 때 우는 모습을 보고, 이러한 상황에 대해 같은 반 선생님과 이야기 나누는 시간을 가졌어요. 우리 반 아이들을 각각 담당하는 것이 아니라 함께 지원해야 한다는 의견을 공유하였고, 어떻게 지원할 것인가에 대해 구체적인 방법을 논의했어요. 아이들의 개별 특성을 공유하고 도움이 필요한 아이들에게 빠르게 지원하기로 했어요. 이제는 아이들에게 지원이 필요하면 바로바로 누구나 도움을 주고 있어요.

인권의 눈으로 바라보아요

아이들은 선생님들의 협력 속에서 안전하게 보호받을 권리가 있습니다.

교사의 공통된 역할은 아이들을 안전하게 보호하고 발달할 수 있도록 지원하는 것입니다. 소변 실수 후 담당 선생님이 오실 때까지 교실에 서 있었던 아이의 마음은 어땠을까요? 그런 상황을 바라보고 있는 친구들의 시선을 어떻게 느끼고 있었을까요? 친구들의 시선에 부끄러운 마음으로 움츠러들었을지도 모릅니다.

기관에 있는 모든 아이들은 우리들의 아이이므로, 함께 보살피고 보호해야 합니다. 또한 똑같은 감정을 느끼지만 표현하는 데 어려움이 있는 아이도 있습니다. 표현하지 않는다고 부끄러운 감정이 없는 것은 아닙니다. 빠르게 옷을 갈아입을 수 있게 도움을 주고 불편했을 마음도 위로한다면 정서적인 안정을 느낄 수 있습니다.

사례 11

나도 끈으로 다양한 놀이를 하고 있어요

나는 만 3세 하늘이에요.

나는 무엇이든 잘 돌려요. 자유놀이 시간에 나는 끈을 한 손에 들었다가 빙빙 돌리며 교실을 돌아다녔어요. 그런데 선생님이 나한테 다가와 퍼즐 맞추기를 하자고 했어요.

오늘도 선생님은 내 끈을 가져갔어요. 나는 다시 돌릴 만한 놀잇감을 들고 바닥에 누워 돌렸어요. 선생님이 다시 오시더니 퍼즐 조각을 맞추라고 했어요.

하늘이는 어떤 마음이었을까요?

나는 다른 친구들처럼 하고 싶은 놀이를 마음껏 하고 싶어요. 끈을 보면 흥분이 돼요. 끈으로 빙글빙글 돌렸더니 헬리콥터 같았어요. 빙글빙글 돌리면서 나도 교실을 빙글빙글 돌았더니 신이 났어요. 바닥에 끈을 툭툭 치면서 흔들었더니 뱀이 꿈틀거리는 것 같았어요. 즐겁게 놀고 있는데 선생님이 퍼즐을 가지고 와서 맞추라고 했어요.

나는 그렇게 놀고 싶지 않았어요. 내 뱀도 없어지고 선생님이 내 끈을 가져가서 속상했어요.

교사는 어떤 마음이었을까요?

하늘이는 정말 하루 종일 끈을 들고 비비거나 돌리기만 해요. 다른 아이들은 여러 놀이를 하면서 발달해 가는데, 하늘이는 계속 반복된 놀이만 하니까 한 학기가 지나도 변하는 것이 거의 없어요. 다른 놀이도 할 수 있어야 아이가 더 발달할 것 같아요.

하늘이의 개별화 교육 계획 중에 소근육 발달 영역에서 10조각 퍼즐 맞추기 목표가 있어서 적극적으로 지도했어요. 그런데 하늘이는 늘 짜증내고 교실이 떠나가라 울어요. 그리고 이런 행동을 그냥 두면 교육적 방임이 아닐까 하는 고민이 들기도 해요.

이렇게 해 보았어요

하늘이가 끈을 가지고 놀 때마다 자세히 관찰해 보았어요. 하늘이가 끈을 그냥 돌리는 줄만 알았더니, 공중에 돌리기도 하고 땅에 치기도 하면서 다양하게 놀이하고 있다는 것을 알게 되었어요.

그래서 끈과 관련된 다른 놀이를 할 수 있게 하면 어떨지 고민해 보았어요. 우선 끈이 달린 놀잇감을 찾아보았더니 여러 가지가 있었어요. 이 놀잇감들을 하늘이에게 제시한 후 놀이 방법을 보여 주었어요. 리본 끈 두 개를 양팔에 매달아 주고 같이 잠자리처럼 날아가는 척을 했더니 웃으면서 따라하더라고요.

다른 친구들도 같이 놀고 싶다고 해서 하늘이와 똑같이 리본 끈을 달아주었더니 나비, 무당벌레, 꿀벌이라며 날아다녔어요. 하늘이가 머리 위에서 끈을 빙글빙글 돌리면 '두두두두' 소리를 내는 헬리콥터가 되고, 교사는 팔을 벌려 비행기가 되어 날았어요. 옆에 있던 친구는 블록으로 공항을 만들었다면서 같이 놀자고 했어요.

인권의 눈으로 바라보아요

아이들은 스스로 놀면서 성장할 수 있는 힘이 있고 이를 존중받을 권리가 있습니다.

상동 행동을 한다는 것이 모두 나쁘다고 단언할 수는 없습니다. 같은 행동을 계속 반복하는 것처럼 보이지만 관찰을 해 보면 놀이에 변화가 느껴질 것입니다. 속도나 방향이 다를 수도 있고, 끈을 좋아하는 아이는 다양한 재질의 끈을 돌려보면서 자신이 선호하는 끈을 찾기도 하고, 굴리는 것을 좋아하는 아이는 여러 가지를 굴려본 후 마음에 드는 놀잇감을 선택하기도 합니다. 그리고 다양한 방식으로 놀이를 해 본 후 재미있는 놀이를 스스로 찾기도 합니다.

장애가 있는 아이들의 놀이는 무조건 가르쳐야 한다고 생각하지 마세요. 장애가 있는 아이들도 스스로 놀이 하며 성장할 수 있다는 것을 인정해 주세요.

사례 12

교실에 누워 내가 좋아하는 것을 보고 있어요

나는 만 4세 가온이에요.

나는 쿠션에 누워 있어요. 선생님이 리라랑 놀라며 놀잇감을 내 손에 쥐어 주셨어요. 내가 가만히 있으니 리라는 그냥 다른 곳으로 갔어요. 슬쩍 놀잇감을 내려놓았는데 선생님께서 이번에는 가람이랑 놀아 보라며 가람이 있는 곳으로 데려갔어요.

가람이는 나랑 놀지 않았고 나는 다시 쿠션으로 돌아갔어요. 내 혀를 날름거리고 혀를 돌리면서 놀고 있는데 선생님이 또 오셔서 같이 놀자고 하셨어요.

가온이는 어떤 마음이었을까요?

나는 쿠션에 누워서 친구들이 놀이 하는 것을 보는 게 좋아요. 쿠션은 푹신푹신해서 누워 있으면 편안하고 친구들도 잘 보여요. 갖고 놀고 싶은 놀잇감이 있기는 한데, 주변에 아이들이 너무 많아 가까이 있는 게 불편해서 그냥 친구들이 놀이 하는 것만 쳐다보는 거예요.

선생님이 가져다주는 놀잇감은 내가 하고 싶은 놀잇감이 아니에요. 그리고 선생님은 자꾸 질문만 해서 귀찮아요.

교사는 어떤 마음이었을까요?

등원하면 늘 그 자리에 누워 있는 가온이를 그냥 두면 안 된다고 생각해요. 자유 놀이 시간에 그냥 두면 아마도 내내 저러고 있을

텐데, 하루 종일 누워만 있다가 가면 안 되는 거잖아요. 이러면 방임인 것 같아서 마음도 불편해요. 저는 누워 있지만 말고 친구들과 어울렸으면 해요.

그렇지만 아직은 때가 아닌가 봐요. 친구들이 가까이 가면 너무 싫어하거든요. 그래서 놀잇감도 제시하고, 친구들과 놀이도 제안하고 있어요. 관심을 보이지는 않지만 가만히 있는 것보다 낫잖아요. 가온이가 즐겁게 잘 따라와 주면 좋겠어요.

이렇게 해 보았어요

가온이가 누워서 무엇을 하고 있는지 알기 위해 가온이 옆에 누워서 바라보았어요. 처음에는 잘 모르겠더니, 가온이의 눈동자가 특정 영역에 오랫동안 머물거나 한 친구가 움직이는 것을 보며 집중하는 모습이 보이기 시작했어요. 그 시선을 따라가 보니 역할 놀이 영역과 하늘이에게 머무는 시선이었어요. 하늘이와 역할 놀이를 좋아하더라고요.

하늘이가 무엇을 하고 있는지 이야기를 해 주자 얼굴에 미소가 번졌어요. 역할 놀이 영역에서 친구들이 놀고 있을 때 친구들이 노는 놀잇감을 몇 개 가지고 와서 제시하였더니, 가온이도 조금씩 놀이에 관심을 보이기 시작했어요.

하늘이에게 가온이와 역할 놀이 영역에서 놀이 하는 것을 제안했더니 하늘이도 좋다고 하더라고요. 하늘이가 가온이에게 다가가 같이 놀자고 하면서 가온이 손을 잡고 역할 놀이 영역으로 갔어요. 역할 놀이 영역에 있는 인형, 그릇들을 앞쪽에 놓아주니 인형을 안아주었어요. 원활한 소통은 아니었지만 가온이가 이렇게 다른 놀이 영역에 오래 머문 것은 처음이었어요.

인권의 눈으로 바라보아요

아동에게는 자신의 목소리를 들으라고 요구할 수 있는 권리(청문권)가 있습니다. 성인은 아동의 권리에 따라 아이가 무엇을 말하는지 들어주어야 합니다.

아이는 스스로 선택하고 표현하고 있지만 성인이 알아차리지 못해서 놓치는 경우가 많습니다. 특히 스스로 잘 표현하지 못하는 아이들의 경우 성인은 아이들이 무엇을 말하는지 귀기울여 주어야 합니다. 눈빛으로, 시선으로, 얼굴의 방향으로, 표정으로, 지속 시간으로 말하고 있을 수 있습니다.

긴 시간 세심히 관찰을 해야 아이가 좋아하는 것을 찾아낼 수 있습니다. 원하는 놀이를 할 수 있게 되기까지 충분한 시간이 필요하다는 것도 유념해야 합니다. 교사 주도적인 놀이는 지양해야 하지만, 어떻게 놀아야 할지 선택하기 어려운 아이의 경우 아이의 입장에서 교사의 놀이 지원은 필요합니다. 반드시 명심해야 할 것은 놀이를 위한 지원이나 개입은 교사 중심이 아닌 아이 중심으로 이루어져야 한다는 것입니다.

사례 13

준비가 되었을 때 화장실에 가고 싶어요

나는 만 5세 진수에요.

놀이시간이 끝나고 정리를 하고 나면 손을 씻으러 화장실에 가요. 다른 친구들은 손을 씻고 교실로 이동하는데 나는 늘 화장실 변기에 앉아 있어요. 잠시 후 선생님께서 들어와 소변을 보았는지 확인하시고 다음에 또 오자며 교실로 가자고 했어요.

진수는 어떤 마음이었을까요?

가장 힘든 시간이 화장실 가는 시간이에요. 나는 문 닫힌 화장실에 혼자 있는 게 무서워요. 선생님이 “변기에 쉬를 해보자”라고 하시며, 화장실 변기에 앉으라고 했어요.

내가 소변을 보지 않자, “잠시 후에 올게요. 쉬하고 있어요” 하고는 다른 친구들을 도와주셨어요. 나는 징징 소리를 내며 겨우 참고 있었지만 화장실은 너무 싫어요. 화장실에서 나가고 싶어서 선생님을 불러요.

교사는 어떤 마음이었을까요?

진수는 만 5세예요. 올해까지는 어린이집에 다니지만 내년에는 학교 갈 준비를 해야 한다며 어머니께서 진수가 기저귀를 떼도록 도와달라고 간곡히 부탁하셨어요. 집에서도 기저귀를 떼기 위해 계속 지도를 하고 계신다고 했어요.

저도 만 5세면 기저귀를 떼고 소변을 가려야 한다고 생각해요. 그래서 매일 세 번씩 진수를 화장실 변기에 앉도록 하고 프라이버시를 생각해서 화장실 문을 닫아주어요. 그리고 바로 앞에서 다른 친구들을 도와주고 있어요. 우리 진수는 뭐가 그리 싫은지 저를 자꾸 불러요. 진수가 빨리 기저귀를 떼고 학교에 갈 수 있도록 계속 소변 지도를 해야 할 것 같아요.

이렇게 해 보았어요

진수가 화장실을 친근하게 생각하도록 우선 다른 친구들과 함께 화장실 세면대에서 손을 씻고 오도록 했어요. 그리고 익숙해질 즈음 진수가 좋아하는 캐릭터를 화장실 안(문 앞, 세면대 앞)에 붙여 주었어요. 소변을 보도록 하는 것이 아니라 캐릭터를 보며 자연스럽게 화장실 안으로 들어갈 수 있도록 했어요.

진수가 화장실 안까지 천천히 들어가 캐릭터를 찾아서 손가락으로 가리킬 때, 변기에서 바로 보이는 문 안쪽에 좋아하는 캐릭터를 붙여 주었어요. 진수가 보는 앞에서 제가 변기에 앉아서 캐릭터를 보는 모습을 보여 주었어요. 그리고는 옷은 내리지 않은 채로 진수가 변기에 살짝 걸터앉아 캐릭터를 볼 수 있도록 시간을 주었어요.

서서히 화장실에 들어가는 것이 익숙해져 보일 때 진수에게 소변을 보면 어떻겠냐고 물어 보았어요. 며칠 후 진수가 고개를 끄덕이며 바지와 속옷을 내리고 앉았어요. 바로 소변을 보지는 않았지만 우선 변기에 앉는 것이 가능해졌어요. 한 달 후부터 진수는 혼자 변기에 앉아 소변을 보게 되었어요.

인권의 눈으로 바라보아요

준비가 되었을 때 익숙한 환경에서 배변의 욕구를 충족할 권리가 있습니다. 배변과 같은 생리적인 욕구는 인간이 누릴 수 있는 가장 기본적인 권리이며, 욕구입니다.

우리 아이들은 언제 소변 가리기를 시도해야 할까요? 스스로 소변 가릴 준비가 되었을 때, 화장실에 갈 준비가 되었을 때입니다. 이럴 때 시도해 주세요.

다른 친구들이 소변을 가린다고 꼭 그 시기에 배변 훈련을 해야 한다고 생각하거나 비교하면서 강압적으로 느끼게 해서는 안 됩니다. 가기 싫다고 한다면 다음에 가 보도록 해주세요. 빨리 지도하려고 시도하다 배변에 대한 트라우마로 아이를 더 힘들게 할 수도 있습니다.

사례 14

내게는 작은 소리도 크게 들려요

나는 만 4세 바다예요.

교실 문을 열고 들어갔는데 친구들이 큰 소리로 떠들며 놀이를 하고 있어요. 선생님 목소리도, 블록 떨어지는 소리도 너무 크게 들려요.

선생님이 다가와 친구들과 같이 놀라고 했어요. 나는 교실 구석으로 가서 쿠션에 얼굴을 숨겼어요. 선생님이 와서 쿠션을 치우시며, 같이 놀자고 다시 말했어요. 그때부터 나는 내 귀를 때렸어요. 선생님이 다가와 귀를 못 때리게 했지만 나는 더 세게 내 귀를 때렸어요.

바다는 어떤 마음이었을까요?

교실에서 나는 여러 가지 소리들이 너무 크게 들려요. 큰 소리가 들리면 나는 너무 괴로워서 조용한 곳으로 가서 혼자 있어요. 그런데 선생님이 와서 쿠션을 치우고, 친구들이 있는 곳으로 가자고 해요.

다시 들려오는 큰 소리가 너무 괴로워서 내 귀를 힘껏 때렸어요. 그래도 큰 소리가 들리면 내가 큰 소리를 내면서 내 귀를 더 세게 때렸어요. 선생님이 "귀를 때리면 안 돼요, 다쳐요"라고 하면서 내 팔을 잡았어요. 나는 너무 괴로워서 팔짝팔짝 뛰었어요.

교사는 어떤 마음이었을까요?

바다가 자신의 귀를 때릴 때 마음이 너무 아파요. 교실에만 들어오면 자신의 귀를 때리는 바다를 보면 '얼마나 아플까?' 하는 생각에 우선 바다의 행동을 막아야 한다고 생각해요. 자해하면 안 되잖아요.

내가 팔을 잡으면 바다는 더 큰 소리를 내며 자신의 귀를 때리려고 해서 혹시 귀에 이상이 생길까 봐 바다의 팔을 더 세게 잡을 수밖에 없어요.

이렇게 해 보았어요

바다는 왜 자기 귀를 때릴까 생각해 보았어요. 하루 종일 때리는 것은 아니었어요. 아이들이 조용히 책을 보거나 미술 활동을 할 때는 귀를 때리는 행동이 거의 안 나타났어요. 특히 자유 놀이 시간이나 노래 부르는 시간에 더 많이 자신의 귀를 때렸어요.

바다가 소리에 예민하다는 것을 알게 되어서, 바다가 제일 편안해 하는 휴식공간에서 쉬다가 스스로 놀이에 참여할 수 있도록 했어요. 쉬고 나면 교실 상황에 한층 잘 적응하고 있는 것으로 보이더라고요. 그리고 교실 소음이 덜 나도록 해 주었어요. 자유 놀이 영역 바닥 전체에 카펫을 깔아 주었고, 소음 방지 패드를 벽에 붙여 주었어요. 그랬더니 귀를 막거나 귀를 때리는 행동이 줄어들었고, 놀이에 참여하는 시간도 길어졌어요.

tip

- 역할 놀이나 쌓기 놀이 영역과 같은 시끄러운 영역에 천 카펫이나 스펀지블록 카펫을 깔아 완충 작용이 되도록 해 주세요.
- 소리가 덜 나는 조용한 영역 중 좋아하는 공간을 만들어 쉴 수 있도록 해 주세요.
- 아동이 쉴 수 있는 공간에는 아동의 마음을 편안하게 해 주는 놀잇감을 배치해 주세요.
- 아동이 마음의 안정감을 느끼면 다시 조금씩 활동에 참여할 수 있도록 안내해 주세요.

인권의 눈으로 바라보아요

아이들은 개별적인 욕구에 맞는 환경을 제공받을 권리가 있습니다.

감각 반응은 모두 다를 수 있습니다. 장애아동이라서가 아니라 비장애인들도 싫어하는 소리가 있습니다. 이 소리가 우리들의 마음을 불편하게 하기도 하고 고통스럽게 만들기도 합니다. 감각에 대해 다르게 반응한다고 해서 이상한 행동을 하는 것이 아니라 감각을 받아들이는 능력도 다 다를 수 있음을 인정해 주어야 합니다.

아이들이 천천히 적응할 수 있도록 기다려 주고 익숙해질 때까지 아이를 위한 환경을 만들기 위해 노력한다면 적응하는 시간도 빨라질 수 있습니다.

사례 15

내게 어떤 일이 일어날지 미리 말해 주세요

나는 만 3세 원희예요.

교실에 들어오면 선생님과 인사하고 바퀴가 달린 의자에 앉아요. 의자에 앉아서 친구들을 보고 있는데 선생님이 나를 안아서 매트에 내려놓았어요. 그리고는 바지를 내리고 내 기저귀를 갈아 주셨어요. 선생님이 다시 나를 의자에 앉혔고, 나는 친구들의 놀이를 바라보았어요.

원희는 어떤 마음이었을까요?

바퀴 달린 의자에 앉아서 친구들을 보고 있었어요. 친구들이 노는 모습이 재미있었어요. 그런데 갑자기 선생님이 나를 번쩍 안아 매트 위에 내려놓았어요. 나는 긴장이 돼서 몸이 뻣뻣해졌어요. 선생님도 깜짝 놀라면서 힘을 주셨어요. 그리고는 아무 말도 없이 바지를 내리고 기저귀를 갈아 주셨어요. 물어보지도 않고 갑자기 이런 행동을 하니까 당황스럽고 불편했어요.

교사는 어떤 마음이었을까요?

원희는 몸을 잘 움직이지 못하기 때문에 주로 의자에 앉아 있어요. 다른 아이들과 활동하다 기저귀 가는 시간에 맞춰 원희를 안아서 천천히 내려놓는 것은 사실 힘들어요. 아이들과 활동을 하다 시간을 놓쳐 서둘러 내려놓을 때도 가끔 있어요. 원희를 내려놓았다가 다시 번쩍 안아서 의자에 앉히는 것도 힘들어요. 원희가 협조를 잘 해주면 힘이 덜 들텐데 몸에 힘을 잔뜩 주어서 깜짝 놀라 저도 힘을 주게 돼요.

이렇게 해 보았어요

원희의 몸이 항상 뻣뻣하게 굳어 있는 것이 아닌데 왜 내가 안고 들 때 주로 뻣뻣해지는지 고민해 보았어요. 시간이 없어서 원희를 성급하게 들어 이동시킨다는 생각이 들었어요. 그래서 등원할 때부터 원희를 이동시킬 때에는 우선 원희에게 어떤 일이 일어날지 예측할 수 있도록 미리 이야기를 해주었어요.

원희 어머니께 원희를 받아 안을 때는 “원희야, 잘 지냈어요? 선생님과 교실에 갈 거예요”라고 이야기해 주었고, 교실에 들어가서는 “원희야, 이제 의자에 앉을 거예요”, 기저귀를 갈 때는 “원희야, 기저귀 갈 거예요” 하고 이야기를 해주었어요. 원희의 표정을 살펴보았더니 미소를 짓는 게 보였고, 몸이 뻣뻣해지지 않았어요.

인권의 눈으로 바라보아요

자신에게 어떤 일이 일어날지 아이들도 알 권리가 있습니다.

상황에 대한 예측이 가능할 때 아이들은 편안함을 느끼고 안정감을 가질 수 있습니다. 예측 불가능한 일이 반복된다면 아이들은 어떤 일이 일어날지 불안하고 불편합니다.

아이들이 잘 적응할 수 있고 편안한 일과를 보낼 수 있도록 미리 안내하고 안내한 대로 행동해 주세요.

사례 16

천천히 걷고 싶지만 그게 잘 안 돼요

나는 만 4세 가람이에요.

교실에서 뛰다가 친구와 부딪쳤어요. 선생님이 "천천히 다녔어야지요. 선생님이 몇 번을 이야기해야 할까요? 친구가 다칠 뻔 했잖아요"라고 말했어요.

나는 하루에도 여러 번 이런 이야기를 들어요. 친구들도 "가람아, 천천히 다녀. 나 다칠 뻔 했잖아!"라고 이야기를 해요. 친구들과 놀고 싶어 역할 놀이 영역으로 달려가다가 놀잇감에 걸려 넘어졌어요. 코피가 조금 나서 선생님이 내 코를 살펴보시고 치료를 해 주셨어요.

가람이는 어떤 마음이었을까요?

나는 오늘 놀다가 코피가 났어요. 친구와 빨리 놀고 싶어서 뛰어가다가 바닥에 있는 놀잇감에 걸려 넘어졌어요. 어제도 빨리 뛰어가다 발가락을 다쳤어요.

선생님은 천천히 다니라고 하지만 친구들을 보면 나도 모르게 마음이 급해지고 천천히 움직이는 게 어려워요. 친구들도 마음대로 움직이는 것 같은데 왜 나한테만 천천히 다니라고 하는지 모르겠어요.

교사는 어떤 마음이었을까요?

교실 내에서 벌어지는 사고는 모두 교사의 잘못으로 생각돼요. 아이들끼리 부딪히거나 장난치다 넘어지기라도 하면 선생님이 책임져야 한다는 생각에 늘 노심초사해요.

특히 가람이는 부주의한 편이어서 물건을 자주 떨어뜨리거나 다른 친구들과 부딪히는 일이 많아요. 전에는 다른 친구와 부딪혔는데 상대방 친구가 코피가 나서 부모님께 죄송하다는 말씀을 몇 번이나 했는지 모르겠어요. 가람이가 천천히 다니면 정말 좋겠어요.

이렇게 해 보았어요

가람이가 흥분해서 뛰어가는 경우는 주로 자유 놀이 시간에 영역으로 이동할 때였어요. 가람이가 뛰어가기 전에 지원할 수 있는 방법에 대해 고민해 보았어요.

가람이가 뛰어가려는 제스처를 보이면 먼저 이름을 불러 주어 행동을 잠시 멈출 수 있는 시간을 갖도록 했어요. 그리고 제가 옆에서 "우리 하나, 둘, 셋 세고 가보자"라고 하거나 "지금 역할 놀이 영역으로 갈 거예요"라고 말을 한 후 이동하도록 했어요.

처음에는 제가 손을 잡고 눈을 마주치며 가람이가 해야 할 행동을 함께 해 주었고, 반복 경험을 통해 상황에 맞는 행동을 하게 되었어요. 지금은 행동하기 전에 잠깐 멈추고 행동을 조절하는 모습을 보이고 있어요.

tip

- 과잉 행동을 하는 아이들에 대해 약물 치료를 언급하는 사람들이 많습니다. 마치 약물치료가 답인 듯 알고 있지만, 약물 치료 이전에 아이의 행동을 충분히 살피고 지원해 주는 것이 우선이어야 합니다.
- 약물 치료로 인한 식욕 저하, 수면 문제, 예민함 등 다양한 부작용이 나타날 수 있으므로 아이들의 입장을 고려하여 신중히

결정해야 합니다.

인권의 눈으로 바라보아요

아이들은 마음대로 움직일 권리가 있으며, 의견을 존중받고 안전을 보장받아야 합니다.

주의력 결핍이나 과잉 행동을 보이는 아이들은 자신도 의식하지 못한 사이 행동이 나타날 수 있으므로, 주의를 집중할 수 있는 신호를 미리 보내 주어 자신의 행동을 조절할 수 있는 힘을 길러 주어야 합니다.

스스로 행동을 조절하는 것은 위험 상황에서 자신을 스스로 지키는 것입니다. 과잉 행동이 나타난 이후 지도를 하는 것보다, 과잉 행동이 나타나기 전에 스스로 행동을 조절해 보는 경험을 할 수 있도록 해야 합니다.

그리고 아이들의 외현화 행동에 집중하다가 아이가 보이는 모든 행동을 문제로 생각하는 편견에 빠지지 않도록 주의해야 합니다.

사례 17

나는 입으로 물건을 탐색해요

나는 만 3세 지민이에요.

나는 집에 있는 물건이나 유치원 교실에 있는 물건들을 입으로 질겅질겅 씹거나 빨아요. 그런데 선생님은 그러면 안 된다며 내가 씹던 장난감을 빼앗아 가요. 집에서도 엄마가 안 된다며 장난감을 빼앗아 가요. 그럴 때면 다른 장난감을 찾아서 몰래 씹어요.

지민이는 어떤 마음이었을까요?

나는 무엇이든 입에 넣는 것을 좋아해요. 입안에 물건을 넣고 그 느낌을 즐겨요. 오늘 입에 넣은 장난감은 새로운 느낌이었는데 빨고 씹기에 아주 좋았어요. 그런데 선생님께서 빼라고 하고 입에 넣기 싫은 장난감을 주시네요. 입에 넣어 봤는데 느낌이 좋지 않아 싫다고 소리를 질렀어요.

교사는 어떤 마음이었을까요?

지민이가 늘 교실에 있는 모든 물건들을 씹어 놓아 아주 고민이 많아요. 구강 탐색을 하는 것이라 하지만 다른 친구들과 함께 공유하는 장난감을 씹는 바람에 망가지는 경우가 많고 다른 친구들에게 줄 수 없게 돼요. 그리고 아무리 제가 소독을 잘 해 놓는다고 해도 혹시나 감염이 될까 걱정이 돼요.

구강 탐색을 그만하고 이제 손으로 물건을 만지는 단계가 되었으면 좋겠어요.

이렇게 해 보았어요

지민이가 등원하면 바구니에 담긴 놀잇감들을 보여 주고 마음껏 탐색할 수 있는 시간을 주었어요. 다양한 촉감을 느낄 수 있도록 빨거나 씹어도 무방한 놀잇감으로 준비해 주었어요.

지민이가 놀잇감을 씹으려 할 때 바구니를 다시 보여 주고 오늘은 여기 있는 놀잇감들을 살펴보자고 제안하고 다시 바구니에 있는 놀잇감을 씹거나 빨도록 했어요. 지민이가 충분히 구강 자극을 즐기면 그 놀잇감으로 할 수 있는 간단한 기능놀이를 보여주었어요.

충분한 자극을 즐겼는지 이제는 씹고 빠는 시간이 확실히 줄어들었고, 어떤 경우에는 물건을 잡고 이리저리 살펴보는 모습도 보이고 있어요.

인권의 눈으로 바라보아요

아이들은 각자의 발달단계에 적합한 놀이의 기회를 충분히 누릴 권리가 있습니다.

유아기라 할지라도 충분한 탐색이 충족되지 못한다면 오히려 씹고 빠는 구강 탐색의 시기가 더 길어질 수 있습니다. 탐색할 수 있는 시간과 기회를 충분히 제공하는 것은 아이들에게 편안함을 주고 그 다음 단계로 성장하는 기초가 됩니다.

놀이 발달은 아이들의 성장 속도나 개별적 특성, 선택에 의해 이루어집니다. 아이가 좋아하는 놀이를 연령으로 제한해서는 안 됩니다.

사례 18

나는 그림책에서 그림 보는 것이 더 좋아요

나는 만 5세 영우에요.

나는 그림 보는 것을 좋아해요. 책 속에는 많은 그림들이 있지만 그중에서도 내가 오랫동안 보고 싶은 그림이 있어요. 친구들과 함께 앉아서 책을 봐야 하는 시간에도 내 마음에 드는 그림을 보고 싶은데 선생님은 계속 친구들 속도에 맞춰서 책장을 넘기라고 하세요.

하지만 책을 계속 넘기는 것은 쉽지 않아요. 또 선생님은 손가락으로 글자를 가리키면서 자꾸 보라고 하는데 그건 더 힘들어요.

영우는 어떤 마음이었을까요?

선생님은 내 옆자리에 앉아서 책의 글자를 손가락으로 가리키며 보라고 하세요. 그리고 글을 읽어도 주세요. 하지만 나는 무슨 이야기인지 잘 몰라요. 선생님은 책장을 막 넘기라고 하는데 책을 넘기다 보면 내가 좋아하는 그림이 나와요.

그림을 보고 있으면 내 기분도 좋아져요. 그래서 계속 보고 싶지만 선생님이 자꾸 넘기라고 하니까 짜증이 나요. 도무지 왜 그래야 하는지 모르겠어요.

교사는 어떤 마음이었을까요?

영우는 책에는 관심이 없고 다른 곳만 쳐다봐요. 이제 곧 학교도 가야 하고, 학교에 가면 간단히라도 글자를 읽어야 하는데 글자에는 전혀 관심을 두지 않아요. 그리고 학교에서는 친구들과 다 같이 소리내어 읽기도 해야 하는데 적응하지 못하면 어쩌나 하는 걱정이 앞서요.

그래서 하나라도 알려주고 싶어서 글자도 가리키면서 책을 같이 넘길 수 있게 속도를 맞춰서 알려 주지만 영우는 자꾸 짜증을 내요. 그리고 영우가 좋아하는 그림이 나오면 넘기지 못하게 막으면서 소리를 지르니까 일단 기다려 줘야 해요.

영우가 다른 아이들처럼 책도 잘 보고 집중도 했으면 좋겠는데 그게 쉽지 않아요.

이렇게 해 보았어요

영우가 관심 있어 하는 책이 무엇인지 관찰을 해서 리스트를 뽑았어요. 책의 어떤 부분을 좋아하는지 어떤 캐릭터를 좋아하는지 알아본 후, 그 부분이나 캐릭터의 다양한 모습을 프린트해서 책 중간중간에 넣어 두었더니, 영우가 그것을 찾는 재미가 있는지 책을 잘 보게 되었어요.

자연스럽게 의자에 앉아 있는 시간도 늘었고요. 자신이 좋아하는 캐릭터를 발견하면 소리를 지르기도 해요. 소리를 지를 때 아이들이 영우를 쳐다보면 “아~ 우리 영우가 이 그림이 정말 좋구나!”라고 표현해 주었어요. 그랬더니 아이들도 신경 쓰지 않고 자신들의 책을 보게 되었지요.

인권의 눈으로 바라보아요

영유아 시기에 책 읽기는 학습의 수단이라기보다는 흥미 있는 활동이어야 합니다. 놀이와 동일하게 아동의 흥미를 고려해 주고, 아동의 발달 속도를 인정해 주어야 합니다. 책을 반드시 읽어야 한다거나 다른 친구들과 속도를 맞춰서 보는 것은 교사의 입장에서 바라보는 것입니다. 조금 더 편안하게 그 시간을 즐길 수 있도록 해주세요.

아이들이 자유롭게 책을 볼 수 있는 환경을 만들어 주세요. 자유롭게 선택하는 과정에서 의사결정의 주체가 될 수 있습니다. 그리고 다양한 지원의 방법이 충분히 마련된다면 아이들도 그 시간이 행복할 수 있습니다.

사례 19

놀이터에서 자유롭게 놀고 싶어요

나는 만 3세 기쁨이에요.

바깥 놀이 시간에는 놀이터에서 미끄럼틀을 타요. 나는 미끄럼틀을 거꾸로 올라가는데 그럴 때마다 선생님은 "거꾸로 올라가면 다쳐요. 하지 마세요"라고 말해요. 나는 안 그러겠다고 빨리 대답하고 다시 미끄럼틀로 뛰어가요. 그런데 선생님은 자꾸 나를 불러서 그네도 타보고, 시소도 타보라고 해요.

기쁨이는 어떤 마음이었을까요?

나는 미끄럼틀 타는 게 정말 신나고 재미있어요. 거꾸로 올라가는 것은 더 재미있어요. 그런데 선생님은 그럴 때마다 붙잡고 안 된다고 하세요. 그러면 놀이도 멈추게 되고, 마음이 속상해지기도 해요. 그래도 빨리 놀고 싶어 미끄럼틀을 타고 있으면 선생님이 부르세요.

그네를 타 보라고 하는데 앞, 뒤로 흔들리는 건 약간 무섭기도 해서 바로 내려와요. 그러면 선생님이 시소로 데려가서 아이들과 함께 타라고 하세요. 선생님이 같이 타라고 하니까 앉기는 하지만 재미가 없어요.

교사는 어떤 마음이었을까요?

기쁨이는 자폐성향이 조금 있어요. 그래서인지 놀이터에 도착하면 흥분해서 행동이 빨라지기 때문에 항상 넘어지거나 부딪히고 다칠까 봐 걱정이 많아요. 또 다양한 놀이기구를 경험해 보면 좋을 텐데 꼭 미끄럼틀만 고집해요. 어떻게든 다양하게 체험할 수 있도록 노력하고 있어요. 그러다 보면 기쁨이도 다른 놀이기구에 관심을 갖지 않을까요?

제가 제일 걱정하는 건 미끄럼틀을 거꾸로 올라가는 거예요. 다른 친구들이 내려올 때 부딪히기도 하고 따라할까 봐 염려돼요. 항상 신경 써서 주의를 주는데 그때뿐이고, 그렇다고 그냥 놔두면 다칠 수도 있으니 문제예요.

이렇게 해 보았어요

기쁨이가 미끄럼틀에서 주로 놀지만 이 시간을 가장 즐기고 있더라고요. 그래서 우선은 다른 놀이를 강요하기보다 안전한 환경에서 기쁨이가 좋아하는 놀이를 마음껏 할 수 있도록 해 보았어요. 다만 거꾸로 올라가는 것을 너무 좋아해서 이 부분은 같은 반 아이들과 함께 의논해 보았어요. 함께 규칙을 만들어 모두 함께 안전하게 거꾸로 타 볼 수 있도록 했어요.

또한 다른 놀이기구에 대해서는 그림 카드를 통해 간접적으로 알려주었고, 놀이터에서 기쁨이가 놀이기구를 선택할 수 있도록 그림카드를 준비해 나갔어요. 기쁨이가 선택하면 그 놀이를 할 수 있도록 도와주고 놀이에 집중할 수 있도록 했어요.

tip

- 미끄럼틀을 거꾸로 탈 때 어떻게 하면 모두 안전하고 즐겁게 탈 수 있는지 아이들과 함께 규칙을 만들어 보세요.
- 놀이터에 나가기 전에 규칙과 관련된 안내 그림(또는 사진)을 보고 이야기를 나누어 보세요.
- 화살표 안내 표시, 놀이 기구 선택판 등을 활용해 보세요.

인권의 눈으로 바라보아요

놀이터에서 자유롭게 놀이하는 것은 아이들의 권리이며, 보장받아야 하는 시간입니다. 뭔가를 배우게 하거나 안전을 이유로 경험을 못 하게 하는 것은 교사의 강요일 뿐입니다.

아이들은 경험을 통해 안전을 익히고 성장합니다. 가르치려고만 한다면 아이들의 즐거움을 빼앗을 수 있습니다. 모든 놀이기구를 이용해야만 하는 것은 아니기 때문에 무엇을 선택하고 놀지 아동 스스로 결정하면 됩니다.

사례 20

글자는 꼭 써야 하나요?

나는 만 5세 민준이에요.

나는 아직 글자를 쓸 줄 몰라요. 그런데 선생님은 내년에 학교에 가야 하니까 글자를 알아야 한대요. 연필을 잡는 것도 쉽지 않은데 선생님이 연필과 제 손을 함께 잡고 뭔가를 쓰게 하세요.

친구들은 빨리 끝내고 노는데 나는 아직도 글씨를 쓰고 있어요. 제 눈은 계속 아이들이 노는 곳을 보게 돼요.

민준이는 어떤 마음이었을까요?

나는 글자 쓰는 게 너무 어렵고 힘들어요. 친구들은 빨리 끝내고 놀기 시작하는데 나의 글자 쓰기는 언제 끝날까요? 선생님은 글자를 꼭 써야 한다면서 연필을 함께 잡고 쓰기를 해요. 나는 연필을 잡고 힘주는 것도 어렵고 무엇을 하는지도 모르겠어요. 이 시간이 빨리 끝났으면 하는 마음뿐이에요.

학교에 가야 하기 때문에 열심히 해야 한다고 하는데 벌써부터 학교 가는 게 싫어져요.

교사는 어떤 마음이었을까요?

민준이는 내년에 학교를 가야 해요. 지금도 글을 잘 모르고 기본적인 학습도 어려운데 학교에 가서 어떻게 공부할지 걱정이에요.

그리고 부모님도 학교에 가기 전 민준이가 글씨를 쓸 수 있었으면 좋겠다고 지도해 달라고 하셨어요. 저도 안타깝지만 민준이와 틈나는 대로 글씨 쓰기 연습을 해요.

민준이는 연필을 잡으려고 하지도 않고 손에 쥐어주면 바로 내려놓기 때문에 저도 힘들어요. 학습할 시간이 많지 않아서 연습시켜야 하는데 아이는 학습을 하지 않으려고 하니 걱정이랍니다.

이렇게 해 보았어요

글자 쓰는 활동보다는 연필을 잡고 끼적이는 활동을 할 수 있도록 민준이가 좋아하는 캐릭터 그림을 준비했어요. 민준이가 무엇을 하는지 친구들도 관심을 보이기 시작했고, 같은 것을 하고 싶다고 말해서 함께 할 수 있도록 준비해 주었어요. 다른 친구들이 쓰기 활동을 할 때 민준이도 같이 앉아서 활동하는 시간이 길어졌어요.

민준이가 연필 잡는 것을 어려워해서 편하게 잡을 수 있도록 그립을 사용해서 잡도록 했어요. 연필 잡기가 수월해지니까 스스로 연필을 잡고 무엇인가 끼적이는 활동을 하는 횟수도 늘어났어요.

tip

쓰기활동을 지도할 때 유용한 보조 도구입니다. 아직 손가락의 힘이 약하거나 바르게 쥐는 방법을 익히기 어려운 아동, 뇌병변장애로 도구를 잡고 사용하기 어려운 아동에게 사용할 수 있습니다. 필기구 사용에 대한 기술을 증진시키는 것도 중요하지만, 발

다양한 쓰기 보조 도구

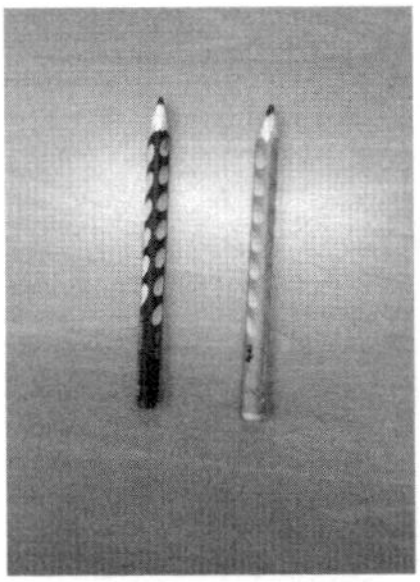

3점 잡기 편한 홈이 있는 연필

주먹으로 쥐고 도구를 잡을 수 있도록 도와주는 장갑

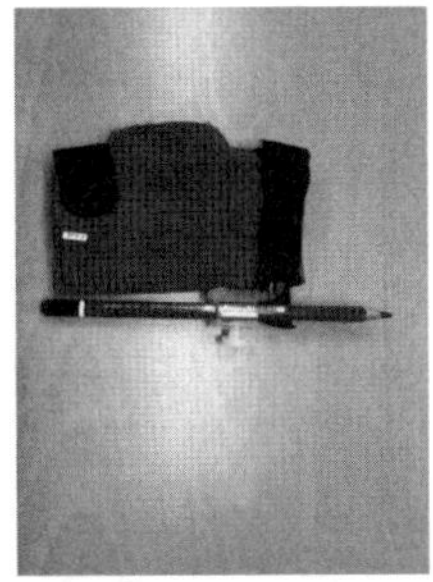

필기구를 쥐지 못하는 아동이 사용할 수 있는 필기구 장갑

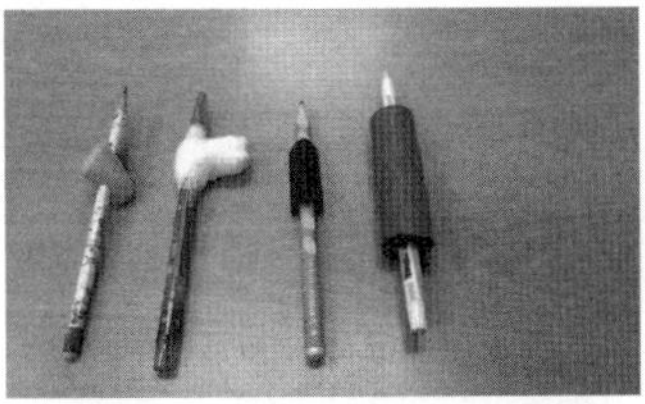

필기구를 잡는 데 도움을 주는 다양한 보조 도구

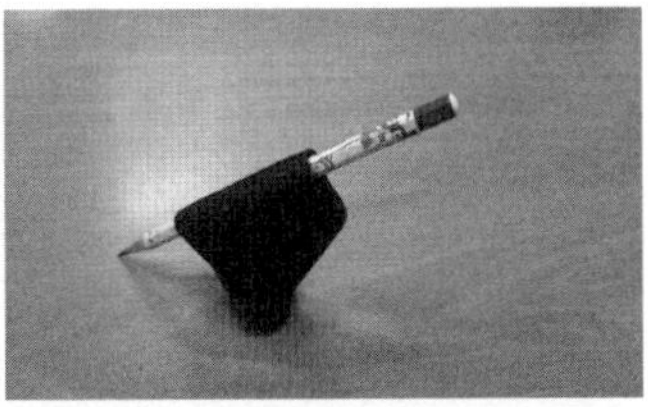

필기구의 기울기와 잡는 것을 도와주는 보조 도구

달 지연이나 장애로 인해 필기구 사용에 어려움을 보인다면 환경적 지원을 통해 해결하는 방법도 꼭 고민해야 합니다. 아이들이 스스로 하고 싶을 때, 언제든 할 수 있도록 도구와 환경을 마련해야 합니다.

인권의 눈으로 바라보아요

아동은 누구나 배울 권리와 무엇을 배울지 선택할 권리도 있습니다.

진학을 앞둔 아이들의 학습은 항상 신경이 쓰입니다. 그렇다고 해서 학습 위주로 수업을 진행하는 것은 어려운 일입니다. 초등학교 과정을 준비한다고 해서 아동이 따라올 수 없는 수준의 것을 요구한다면 아이와 선생님 모두 힘든 시간이 될 것입니다.

교육과정 안에서 아이가 잘 적응하고 있다면 학교생활도 잘 적응할 것입니다. 학교 진학 이후의 과정을 걱정하기보다는 지금, 여기에서의 생활이 즐거울 수 있도록 함께 노력해 보아야 합니다.

배움은 스스로 선택했을 때 효과가 가장 클 수 있습니다. 아동에게 배울 것을 강요하기보다는 아동이 자발적으로 흥미를 느끼며 참여할 수 있도록 아동의 관심사를 충분히 반영한 환경을 만들어 주세요.

사례 21

엄마랑 헤어지면 자꾸 눈물이 나요

나는 만 3세 유정이에요.

나는 등원할 때 항상 울어요. 엄마는 내가 들어간 후에도 계속 쳐다보고 있어요. 엄마가 보이니까 더 눈물이 나요. 우리 반에 들어가서도 계속 울어요. 원장 선생님이 오셔서 나를 데리고 가 돌봐

주시기도 하는데 계속 돌봐주는 것은 아니에요. 선생님이랑 친구들이 와서 말을 걸어도 눈물이 멈추지를 않아요. 그래서 선생님이랑 친구들이 가끔 나를 이상하게 쳐다보기도 해요.

유정이는 어떤 마음이었을까요?

엄마랑 떨어지는 건 왠지 무섭고 교실도 낯설어요. 내가 울면 친구들과 선생님이 내게 와서 왜 우냐며 쳐다봐요. 그러면 눈물이 또 나요. 내가 계속 울고 있으면 원장 선생님이 오셔서 나를 원장실로 데리고 가서 돌봐주세요. 그러면 마음이 안정이 되지만 그것도 잠깐이에요. 원장 선생님과 계속 함께 있지 못하니까 우리 반으로 다시 가는데 그러면 아무것도 하지 못하고 그냥 원장 선생님만 찾게 돼요.

교사는 어떤 마음이었을까요?

유정이는 등원을 늦게 하거나 등원하지 않는 날도 많아요. 엄마한테 안겨서 오는데 엄마가 들어가라고 내려놓으려고 하면 심하게 울어요. 다른 아이들도 돌봐야 하는데 계속 울고 있으니까 원장 선생님이 잠깐이라도 봐주신다고 데리고 가세요. 우리 반에서 잘 적응하도록 담임교사의 역할을 잘 하지 못한 것 같아 마음이 불편해요.

잠시 원장실에 다녀온 유정이는 장난감에 관심도 없고, 오로지 원장 선생님이 어디 계신지 교실 문만 바라보고 있어서 정말 난감해요.

이렇게 해 보았어요

유정이가 왜 우는지 고민하고, 잘 적응할 수 있도록 도울 방법을 생각해 보았어요. 엄마와 분리되는 상황이 유정이에게는 두렵고 힘든 시간이라는 것을 이해하게 되었고, 새로운 담임교사와 적응할 시간이 많이 필요하다는 것을 알게 되었어요. 그리고 원반에서 분리되어 원장실에 있는 것이 유정이의 교실 적응을 방해할 수 있다고 생각했어요.

그래서 필요할 경우 원장 선생님이 교실에 함께 있다가 유정이가 진정되면 원장 선생님은 원장실로 간다고 설명한 뒤 나가기로 했어요. 유정이가 빨리 적응하기 위해 규칙적으로 등원하는 것과 교실에 들어가는 데까지 충분히 기다려 줄 수 있도록 다른 아이들보다 조금 더 일찍 오도록 부모님께 부탁을 드렸어요.

유정이가 등원하면 바로 나가서 반갑게 안아주고 울음이 진정될 때까지 기다려 주었어요. 교실에 들어가서 무엇을 할지 알려 주었고 유정이가 들어갈 준비가 되었을 때 "우리 들어갈까?"라고 물어봤어요. 유정이가 고개를 끄덕이면 함께 손을 잡고 들어가서 가방 정리를 돕고 간식을 먹을 때까지 옆에 있어 주었어요. 잠시 혼자 있을 때도 이름을 불러 관심을 보여주었고, 자유놀이 시간에 2~3분 정도 반드시 함께 놀이를 한 뒤 다른 아이들에게 갔어요. 다른 아이들과 있을 때에도 유정이와 눈을 맞추고 고개를 끄덕여 주며 웃어 주었어요. 유정이가 울지 않고 교실에 적응하는 시간이 점차 빨라졌습니다.

아이들이 새로운 환경에 적응하는 속도는 모두 다르고 다양한 모습을 보일 수 있다는 것을 인정해야 합니다. 아이들은 부모와 헤어질 때 겁이 나고, 헤어지기 싫어서 울 수도 있습니다.

새로운 환경에 적응하는 속도가 느린 아이는 마음을 먼저 알아차려 주는 것이 필요합니다. 어른의 관점에서 생각하기보다, 시간이 걸리더라도 아이의 관점에서 적응할 수 있는 안정적인 환경을 마련해 주세요.

사례 22

옆 반 교실에 흥미로운 물건이 있어서 가고 싶어요

나는 만 3세 윤지에요.

나는 옆 반에 가는 게 좋아요. 옆 반에는 내가 좋아하는 것이 있어서 가보고 싶은데, 선생님은 교실 밖을 나가면 안 된다고 하세요. 그래도 나는 가고 싶어서 옆반으로 가려고 하면 선생님이 내 팔을 잡아요.

윤지는 어떤 마음이었을까요?

나는 옆 반으로 가고 싶어요. 옆 반에는 내가 좋아하는 노래가 나오는 카세트가 있거든요. 그 카세트가 모양도 마음에 들고 만져도 보고 싶어서 옆 반으로 가고 싶은데, 선생님이 옆 반에 가는 건 안 된다며 저를 붙잡아서 짜증이 나고 화가 났어요.

교사는 어떤 마음이었을까요?

윤지는 하루에도 몇 번씩 교실 밖으로 나가 옆 반으로 가려고 해요. 교실을 나가면 안 된다고 알려 주지만 고집을 부리기도 하고, 못 가게 하면 떼를 쓰면서 꼬집기도 해요. 하루에도 몇 번이고 옆 반으로 가려고 해서 옆 반에도 방해가 되고, 안전 문제 때문에 고민이 많아요.

이렇게 해 보았어요

윤지가 교실을 나가려는 이유를 알아보기 위해서 옆 반으로 갈 때 함께 따라가 보았어요. 윤지가 옆 반에 있는 카세트를 만져 보기도 하고, 눌러 보기도 하면서 박수를 치며 좋아했어요. 카세트가 마음에 들어 옆 반에 가려고 했다는 것을 알았어요.

옆 반 선생님과 상의한 후, 옆 반 카세트는 우리 반에 두고, 옆 반에는 새로운 카세트를 놓기로 했어요. 그리고 옆 반의 카세트가 우리 반에 있다는 사실을 윤지에게 알려 주었어요. 그랬더니 점차 옆 반으로 가지 않고 카세트에 관심을 보이며 교실에서 안정적으로 지내게 되었어요.

인권의 눈으로 바라보아요

어른들과 똑같이 아이들의 행동에도 이유가 있습니다.

규칙에서 벗어나는 아이들의 행동을 문제 행동으로 단정짓지 말고, 왜 그런 행동을 하는지 이유를 찾아보아야 합니다. 아이에게 직접 묻거나 세심하게 관찰해서 행동의 이유를 파악해야 합니다. 아동의 욕구가 무엇인지, 그곳에 왜 관심을 갖는지 이해하고 호기심이 해결될 수 있도록 적극적인 지원이 필요합니다.

그리고 환경과 규칙을 제한하기보다는 아이들이 호기심을 채우고 세상과 소통할 수 있도록 환경과 규칙 운영에 대한 교사 간의 협력이 필요합니다.

사례 23

친구가 좋아서 잡는 거예요

나는 만 4세 미리에요.

나는 우리 반 친구들을 만나면 반가워서 친구를 만지는데, 친구들은 아프다고 하거나 나를 피해요. 선생님도 꼬집지 말라고 혼내세요.

미리는 어떤 마음이었을까요?

나는 현지를 보면 너무 반갑고 좋아요. 인사하고 싶어서 현지를 잡은 것인데, 얼굴을 찡그리고 나를 피해서 너무 속상해요. 그러면 선생님이 오셔서 “친구 꼬집으면 안 돼!”라고 말씀하세요. 나는 친구가 좋아서 그런건데, 친구도 선생님도 뭐라고 해서 속상해요.

교사는 어떤 마음이었을까요?

미리가 자꾸 현지를 꼬집어서 계속 지켜봐야 해요. 현지가 “선생님~” 하고 부르면 ‘또 꼬집었나?’ 하는 생각에 빨리 가서 안 된다고 알려 주지만 제 말을 못 알아듣는지 아니면 모르는 척하는 건지 모르겠어요.

할 수 없이 미리가 잘 꼬집는 현지에게 가까이 가지 못하게 하고 있지만, 또 꼬집혔다고 얘기할 땐 난감해요. 그리고 혹시라도 현지 부모님이 상처를 보고 또 다쳤다고 항의하실까 봐 두려워요.

이렇게 해 보았어요

미리가 언제 친구를 꼬집는지, 왜 꼬집는 행동을 하는지 관찰하기 시작했어요. 미리는 등원해서 친구를 만나면 흥분해서 다가가 친구를 꼬집었어요. 그럴 때 미리의 표정은 뭔가 즐거워 보였어요. 처음에는 꼬집는 행동을 즐기나 생각했지만 현지를 좋아한다는 표현임을 알게 되었어요.

그래서 미리에게 만나서 반가울 때 친구와 악수하는 방법을 알려주고 저와 함께 해 보았어요. 손을 세게 잡거나 꼬집으면 친구가 아프다고 이야기해 주고, 얼굴 표정(그림, 사진, 교사 표정)을 보여주면서 이해할 수 있도록 했어요. 현지에게도 미리가 다가왔을 때 "미리야, 나 꼬집는 거 싫어. 우리 악수하자"라고 표현하도록 알려주었어요.

이런 과정을 통해 미리는 친구와 만났을 때 웃으면서 악수를 하는 횟수가 많아졌고, 꼬집는 행동은 줄어들고 있어요.

tip

- 악수하기, 손 흔들기, 주먹 마주대기, 하이파이브 하기 등 인사하는 방식은 다양합니다.
- 교사가 일방적으로 인사하는 방식을 정해주기보다는 스스로 선택할 수 있는 기회를 주는 것이 좋습니다.
- 다양한 인사 방법의 그림이나 사진 선택판을 이용하는 것이 도움이 될 수 있습니다.

인권의 눈으로 바라보아요

장애영유아뿐 아니라 비장애영유아 모두 자신의 감정을 표현할 권리와 자신을 보호할 권리가 있습니다.

영유아는 자신의 감정을 표현하는 방법이 서툴 수도 있고 예측하지 못한 방식으로 표현할 수도 있습니다. 그렇기 때문에 아동이 꼬집거나 때리는 행동을 했을 때, 이를 문제 행동으로만 규정짓고 행동을 못 하게 하는 것에만 초점을 두어서는 안 됩니다. 꼬집는 행동 역시 어떤 마음의 표현입니다.

사회적 기술을 배우는 과정에 있기 때문에 마음을 표현하는 방법(안아주기, 손잡아주기, 미소 짓기, 얼굴 표정 보기 등)을 알려줌으로써 자신의 마음을 의미 있게 전달할 수 있도록 해야 합니다.

그리고 어떠한 아동이라도 다른 사람을 다치게 하거나 아프게 하는 것(꼬집고, 물고, 할퀴고)은 안 됩니다. 장애영유아뿐만 아니라 비장애영유아 모두 다른 사람의 신체를 아프게 하는 것은 보호받을 권리를 침해하는 것입니다. 스스로 자신을 보호할 수 있는 다양한 감정 표현의 방법을 알려 주어야 합니다.

사례 24

내가 먹고 싶을 때 먹을래요

나는 만 5세 지수에요.

나는 점심시간에 밥 먹는 것보다 공룡책을 보고 싶은데 선생님은 자꾸 바르게 앉아서 먹기 싫은 음식을 먹으라고 해요. 내가 먹지 않으면 숟가락에 음식을 올려 먹여주세요. 그리고 내가 일어나려고 하면 선생님이 제 팔을 잡아서 계속 앉아 있게 해요.

지수는 어떤 마음이었을까요?

나는 내가 먹고 싶을 때 내가 먹고 싶은 음식을 선택해서 먹고 싶어요. 나도 내가 좋아하는 음식이 있어요. 그리고 지금은 밥을 먹고 싶지 않아요.

그리고 나는 공룡책을 보고 싶어서 일어나는 것인데 선생님이 팔을 잡고 앉으라고 하면 기분이 나쁘고 화가 나요.

교사는 어떤 마음이었을까요?

지수는 자폐 성향이 강해서 편식이 매우 심해요. 그래서 간식이나 점심을 잘 먹지 않아요. 이제 곧 초등학교에 가는데 학교에서 스스로 급식을 잘 먹을 수 있도록 졸업하기 전에 도와주고 싶어요. 건강을 위해서라도 골고루 잘 먹었으면 좋겠어요.

그리고 점심시간에 지수가 돌아다니면 다른 아이들도 똑같이 따라 할까 봐 먹지 않더라도 앉아 있도록 지도하고 있어요.

이렇게 해 보았어요

음식에 관심을 가질 수 있도록 친구들이 밥을 먹는 동안 같은 테이블에 앉아서 지수가 좋아하는 공룡책을 보게 했어요. 공룡책과 식판을 같이 제시해 주고, 언제든지 먹고 싶을 때 먹을 수 있다고 말해 주었어요. 처음에는 공룡책에만 관심을 보이던 지수가 친구들이 밥을 먹는 모습에 관심을 보이기 시작했어요.

지수가 관심을 보일 때 "지수도 먹어볼까?" 하고 제안했더니 스스로 밥을 먹기 시작하더라고요. 지수가 먹고 싶은 음식을 먹고 싶은 만큼 먹도록 옆에서 가만히 지켜봐 주었어요. 비록 다양한 음식을 먹지는 않지만 이제는 점심시간에 친구들과 같이 밥을 먹어요.

인권의 눈으로 바라보아요

아이들은 자신이 먹고 싶은 것을 선택하고 즐겁게 먹을 권리가 있습니다.

먹기의 우선 목표는 즐겁게 먹는 것을 경험하게 하는 것입니다. 사람은 누구든 자신이 먹고 싶은 음식이 있고, 배가 고프거나 먹고 싶을 때 음식을 먹을 수 있어야 합니다.

하루 일과에 맞춰 아이들에게 무조건 먹으라고 강요해서는 안 됩니다. 그리고 어른들도 먹지 않는 반찬을 아이들에게는 다 먹으라고 강요하는 것은 먹는 즐거움을 빼앗는 것입니다. 점심시간은 아이들에게 즐거운 시간이 되어야 합니다.

사례 25

나에게도 질문이 아니라 대화를 해주세요

나는 만 5세 민수에요.

작년에는 짧게 말해도 괜찮았는데 일곱 살이 되니까 자꾸 질문하고, 생각해 보라고 하고 길게 말하라고 해요. 친구들과 놀 때도 내가 동물 역할을 하고 있으면 선생님이 사람 역할을 하면서 말

하라고 하기도 하고 자꾸 질문을 해서 놀이가 재미없어져요.

집에 가면 엄마도 매일 "오늘 뭐 했어?"라고 물어봐요. 나는 친구들하고 놀이도 하고, 선생님 이야기도 열심히 들으면서 지내는데 잘 기억이 나지는 않아요. "몰라요"라고 계속 대답하니까 선생님과 엄마가 답답해하는 것 같아요.

민수는 어떤 마음이었을까요?

나는 친구들과 놀 때 선생님이 말 시키는 것이 싫은 게 아니에요. 그냥 자꾸 질문하는 것이 불편해요. 친구들한테는 안 물어보는 것을 자꾸 저한테만 물어보세요. 표정이나 손짓이나 단어로 이야기를 하는데도 길게 얘기하라며 다시 질문을 하면 힘들어요.

교사는 어떤 마음이었을까요?

민수는 다른 친구들보다 발달이 느린 것 같아요. 운동 능력이나 사회성은 괜찮은 것 같은데 인지와 언어가 느린 것 같아요. 그래서 생각을 해보게 하고 말을 많이 할 수 있도록 기회를 주고 있어요.

기회를 주는 것이 교사의 역할이라고 생각해서 더 열심히 물어보는데 계속 모른다고 하니 힘드네요. 친구들과 놀 때도 매일 동일한 역할만 하면 민수가 표현할 수 있는 말이 한정되니까 역할을 바꾸어 주면서 다른 말을 해 보도록 하고 있어요.

이렇게 해 보았어요

민수가 친구들과 어떻게 소통을 하는지 관찰해 보았어요. 말을 많이 하지는 않지만 민수는 제스처와 표정으로 아이들과 소통을 잘 하고 있었어요. 친구들도 민수가 말을 많이 하지 않는 것에 전혀 불편함을 느끼지 않고 있더라고요.

민수에게 질문을 하기보다 친구들과 재미있게 놀 수 있는 기회를 계속 만들어 주었어요. 그리고 비언어적인 방식으로 표현을 해도 민감하게 반응해 주고, 민수의 행동이 재미있을 때에는 웃으면서 긍정적인 반응도 보여 주었어요. 그러자 민수는 스스로 친구들과 놀이를 할 때 "이럴 때는 뭐라고 말해요?", "선생님 이거 이름은 뭐예요?" 등 자발적으로 먼저 질문을 하기 시작했어요. 자신이 필요한 말은 교사가 모델링해 주면 스스로 조금씩 모방도 했어요.

부모님께는 질문보다는 아이와의 소통이 더 중요하다는 점을 말씀드리고, 민수가 소통의 즐거움을 먼저 알 수 있도록 같이 협력해 주시기로 했어요. 만약 민수가 즐거운 표정으로 집에 돌아오면 "오늘 유치원에서 재미있었구나!"라고 아이의 마음을 먼저 알아주도록 하게 했어요. 그랬더니 민수도 말하는 것에 대한 부담없이 자연스럽게 "오늘 엄청 재미있었어요"라고 자신의 의견을 말할 수 있게 되었다고 해요.

tip 부모와의 연계

- 아이가 말을 잘 하지 못하는 경우 단지 말을 많이 시키면 된다고 생각합니다.
- 말을 잘 하지 못하는 이유는 여러 가지가 있을 수 있습니다. 말하는 것을 좋아하지 않아서, 어떤 말을 해야 할지 몰라서, 말을 했을 때 친구들이나 어른들로부터 좌절 경험이 많아서 등 다양합니다.
- 아이가 말을 하도록 질문을 하기보다 아이 입장에서 왜 말을 안 하려고 하는지 생각해 보는 것이 필요합니다.

인권의 눈으로 바라보아요

아동에게는 자신의 방식으로 표현할 권리가 있습니다.
어른도 말을 하기 싫을 때나 편안하지 않은 상태에서는 말을 하지 않습니다. 아이들도 말을 할지 말지, 어떤 말을 할지에 대한 선택권이 있습니다.

발달을 시켜야 한다는 신념으로 원하지 않는 소통을 아이들에게 강요해서는 안 됩니다. 그리고 아이가 편하게 말을 할 수 있을 때까지 교사와 부모가 기다려주는 노력이 필요합니다. 말을 많이 할 수 있는 것이 꼭 중요할까요? 말을 많이 해야만 잘 발달한다고 할 수 있을까요? 물론 또래들과 어울리기 위해서 아이가 말을 하는 것이 필요할 수도 있습니다.

하지만 먼저 또래들과 소통의 즐거움을 알게 하는 것이 더 중요합니다. 또래 친구와의 즐거운 경험을 통해 아이는 느리지만 천천히 자신의 역량을 키워 나갑니다. 강요하기보다는 즐거운 경험 안에서 자신의 속도에 맞게 발달해 갈 수 있도록 믿고 기다려 주는 것이 필요합니다.

사례 26

규칙은 알고 있지만 친구들보다 먼저 하고 싶을 뿐이에요

나는 만 4세 서준이에요.

나는 오늘도 원장실에 있어요.
바깥 놀이 나갈 때 제일 앞에 서고 싶어서 제일 앞에 서겠다고 고집을 부렸어요. 선생님이 친구들과 순서를 지켜가면서 해야 한다고 했는데 내가 싫다고 했어요. 친구들과 게임을 할 때도 내가 제일 먼저 하고 싶어서 먼저 하겠다고 했더니 선생님이 더이상 안 된다고 해요. 다른 친구들도 먼저 하고 싶을 때가 있으니까 친구 다음에 하래요.

속상해서 먼저 하려고 친구를 잡아당겼더니 선생님이 친구를 밀치는 행동은 나쁜 행동이라고 하면서, 규칙을 지키지 않았으니까 저는 오늘 게임을 할 수 없대요. 화가 나서 선생님을 밀치고 울었더니 원장님이 오셔서 저를 원장실로 데리고 가셨어요.

서준이는 어떤 마음이었을까요?

나는 노는 것이 너무 좋아요. 그래서 놀이를 시작하면 너무 흥분되고 좋아서 빨리 하고 싶어요. 너무너무 하고 싶은 마음이 커서 기다리는 것이 힘들어요. 친구들과 순서를 지켜야 한다는 것은 잘 알고 있어요. 모르는 것은 아니지만 기다리는 것이 힘들 뿐이에요. 그리고 예전부터 내가 하고 싶은 것이 있을 때마다 안 된다는 말을 많이 들었어요. 그래서 좋아하는 놀이가 시작되면 혹시 또 못 하게 될까 봐 빨리 하고 싶어져요.

그런데 선생님은 내가 규칙을 모른다고 생각해서인지 자꾸 나한테 규칙을 이야기하면서 지키라고만 해요. 그래도 내가 하겠다고 이야기하면 내가 원하지 않았는데도 원장님이 와서 나를 데리고 가요. 나는 친구들도 없고 놀이도 못 하는 이 시간이 너무 괴롭고 힘들어요.

교사는 어떤 마음이었을까요?

서준이는 평소에도 충동적인 행동을 많이 해요. 친구들과 놀이를 할 때에도 마음대로 되지 않으면 친구들의 놀이를 방해하거나 소리를 질러서 아이들이 서준이와 노는 것을 많이 힘들어해요.

하지만 서준이도 친구들과 잘 놀면서 자연스럽게 사회성을 기를 수 있도록 도와주고 싶어서 규칙에 대해 반복해서 이야기해 주고 있어요. 규칙을 지키면서 자신이 하고 싶은 대로만 할 수 없다는 것을 가르쳐 주고 싶어요. 그래야 자기 통제력이 생기면서 친구들과 같이 활동을 할 수 있을 거라고 생각해요.

그리고 항상 원장실로 보내는 것은 아니지만 평소보다 더 심하게 서준이가 누워서 떼를 쓰고 소리를 지르면 다른 친구들이 활동을 할 수 없기 때문에 원장님이 데리고 가서 서준이의 마음을 진정시켜 주고 있어요. 서준이도 같이 활동을 했으면 좋겠지만 이런 행동이 너무 심한 날은 다른 아이들에게도 피해를 줄까 봐 어쩔 수 없이 원장실로 보내요.

이렇게 해 보았어요

서준이에게 물어보니 서준이가 규칙을 모르는 것이 아니었어요. 하지만 매번 서준이만 먼저 하게 할 수 없어서 반 전체 아이들과 모여서 규칙을 만들었어요.

먼저 하는 것을 좋아하는 사람은 먼저 하게 하고, 천천히 하는 것을 좋아하는 사람은 나중에 해도 좋다는 의견을 아이들이 주었어요. 먼저 하는 것을 좋아하는 팀과 나중에 하는 것을 좋아하는 팀에 각자의 이름을 붙였어요. 서준이도 자신의 이름을 붙이면서 만족한 모습을 보였어요.

그리고 자아 존중감이 높은 아이가 스스로 통제하는 힘이 있다는 것을 알게 되어서 서준이의 자아 존중감을 높일 수 있는 방법에 대해 고민해 보았어요. 서준이가 하는 작은 노력들에 대해 민감하게 긍정적인 반응을 해 주고, 실수를 하더라도 서준이 스스로 해 볼 수 있는 기회를 많이 주기로 했어요.

어느 순간 서준이가 놀이를 하면서 먼저 양보를 하기 시작했어요. 그리고 서준이가 자신의 의사를 표현할 때마다 서준이의 말을 주의 깊게 들어주고, 가능한 것들은 원하는 대로 해 주었어요. 그랬더니 떼를 쓰거나 소리를 지르는 행동이 점차 줄어들었어요.

tip 부모와의 연계

- ADHD(주의력 결핍 과잉 행동 장애) 아동들이 충동적인 행동을 하거나 규칙을 지키지 않는 행동을 할 때, 어른들은 주로 규칙을 지도하는 데에만 초점을 두곤 합니다. 하지만 규칙을 몰라서가 아니라 알면서도 지키지 않는 경우가 많습니다. 규칙을 알도록 반복해서 말하는 것은 효과가 없을 수도 있습니다.
- 아이가 스스로 자신을 통제하는 힘이 있을 때 행동을 조절하거나 규칙을 지킬 수 있는 능력이 발현됩니다. 자신을 통제하는

능력은 자아 존중감과 연결되는데 자아 존중감이 높은 아이들이 자신을 잘 통제합니다. 아이들의 자아 존중감을 높이기 위해서는 사랑받는 경험, 칭찬받는 경험, 그리고 작더라도 자신의 능력을 발현시키는 경험이 중요합니다.

- 아이 스스로 통제할 수 있는 능력을 기르게 하기 위해서는 부모님과의 협력도 중요합니다. 가정 안에서 얼마나 칭찬을 받는지 물어봐 주세요. 부모님과 협력해서 작은 노력이나 성취를 인정해 주고, 긍정적인 반응을 해주고, 매일 사소하지만 칭찬받는 경험을 할 수 있도록 해주세요.

인권의 눈으로 바라보아요

강요가 아닌 스스로의 힘으로 자신의 능력을 발휘하고 존중받을 권리가 있습니다.

아동이 교사가 원하지 않는 행동을 할 때 교육 기관에서는 훈육이라는 이름 아래 혼내기, 제지하기, 타임아웃 시키기 등을 합니다. 규칙을 지키지 않을 때에는 아동에게 규칙을 반복해서 말하며 이를 지키라고 강요합니다.

누구를 위한 '규칙'인지를 우선 살펴봐야 합니다. 규칙을 정할 때에도 이를 지키는 것은 아이들이므로 성인의 의견을 강요하기 보다, 아이들의 의견을 듣고 아이들 스스로 결정할 수 있도록 해야 합니다. 자신들이 원하는 규칙을 만들고 지키는 연습을 통해 아이들은 스스로의 힘으로 성장해 갈 수 있습니다.

또한 자신의 행동을 통제하는 능력은 강요에 의해 되지 않습니다. 스스로의 힘으로 통제할 수 있도록 해야 하며, 이를 위해서는 자존감이 높은 아이로 성장할 수 있도록 해야 합니다. 못하는 행동에 초점을 두고 비난하기보다는 아이의 행동을 세밀하게 관찰해서 긍정적인 피드백을 많이 주어야 하며, 실패를 하더라도 스스로 해 보면서 성공할 수 있는 경험을 많이 제공해 주어야 합니다.

사례 27

친구들과 더 놀고 싶어요

나는 만 4세 하람이에요.

어린이집에서 점심을 먹고 나면 엄마가 나를 데리러 와요. 다른 친구들은 집에 안 가는데 우리 엄마만 나를 데리러 와요. 점심을 먹고 나면 선생님은 나한테 말해 주지도 않고 내 가방을 챙겨서 나가자고 해요. 교실 밖에 나가면 엄마가 기다리고 있어요.

나는 엄마 차를 타고 어린이집이 아니라 다른 곳으로 공부를 하러 가요. 매일 두 번씩 다른 선생님을 만나고 집으로 가요.

하람이는 어떤 마음이었을까요?

나도 밥을 먹고 나서 교실에서 내가 좋아하는 놀이를 하고 싶어요. 다른 친구들은 다 자기가 좋아하는 놀이를 할 수 있는데 나만 가방을 메고 다른 곳으로 가야 해서 속상하기도 하고 화가 나기도 해요. 선생님이나 엄마는 나한테 물어보지도 않아요.

그리고 다른 곳에 가서 만나는 선생님들도 매일 무엇인가를 하라고 하니까 힘들어요. 내가 좋아하는 놀이를 할 때도 있지만 항상 뭔가를 하라고 하고, 자꾸 질문을 하면서 대답하라고 해요. 어디를 가든 내 마음대로 할 수 있는 게 없어요.

교사는 어떤 마음이었을까요?

하람이는 전반적으로 발달이 느린데 특히 언어와 사회성이 부족해서 친구들과 놀이를 잘 하지 못하고, 수업에도 집중을 잘 하지 못해요. 이해력도 많이 떨어지고요.

어머니와 상담을 했는데, 하람이가 지금 발달을 하는 데 중요한 시점이라서 치료를 집중적으로 받고 있다고 해요. 언어치료, 미술치료, 놀이치료, 인지치료를 하루에 두 가지씩 매일 받고 있다고 해요. 제가 생각해도 전문가에게 수업을 받는 게 하람이한테 도움이 될 것 같아서 점심을 먹고 나면 하람이는 치료를 받으러 가는 것으로 어머니와 결정했어요.

이렇게 해 보았어요

치료를 받는 것이 당연히 도움이 된다고 생각해서 하람이를 일찍 보냈는데, 이렇게 하는 것이 과연 하람이에게 도움이 되는지 다시 생각해 보았어요. 원장님과 상의도 하고, 다른 특수교사와 치료 전문가들에게도 조언을 구해 보았어요.

많은 분들이 어린이집에서 일과를 같이 보내게 하는 것이 하람이한테 더 도움이 될 것이라고 말해 주었어요. 일과를 온전히 같이 보내야 친구들과 친해질 수 있고, 친구들을 보면서 자연스럽게 발달해 갈 수 있는 부분도 많다고 하더라고요. 그리고 하람이가 매일 치료실에 가는 것을 힘들어 한다고 어머님도 말씀하셨어요.

그래서 다시 한 번 하람이를 집중적으로 관찰하고, 하람이의 강점이나 지원해 주어야 할 부분에 대해 정리해 보았어요. 생각보다 많은 부분들이 어린이집에서의 일과를 통해 지원이 가능하더라고요. 그래서 어머니와 다시 상담을 한 후 치료 횟수를 줄이고 하람이가 어린이집에서 즐겁게 일과에 참여할 수 있도록 지원해 주기로 했어요.

그랬더니 어린이집에 적응하는 속도도 빨라졌고, 친구들이 노는 것을 가만히 관찰했다 행동 모방을 하기도 했어요. 그리고 하루 종일 하람이가 어린이집에 있으니까 다른 친구들이 하람이에게 관심을 갖고 다가가기도 하고, 같이 놀자는 말을 했어요.

인권의 눈으로 바라보아요

무엇인가를 결정할 때에는 아이의 입장에서 최선의 이익이 무엇인지 생각해야 합니다. 특수교육 서비스를 지원해 주는 것이 나쁜 것은 아니지만 이 또한 아동에게 최선의 이익을 주는 것인지를 고려해야 합니다. 아동이 원하지 않고, 아동의 발달에 저해가 되는 수준이라면 이는 아동의 발달권을 침해한 것일 수도 있습니다. 장애아동에게 특수교육 서비스는 필요한 요소이기는 하지만 어떤 서비스를 어떻게 얼마나 제공해야 하는지를 결정할 때에는 반드시 아동 최우선의 이익이라는 원칙을 고려해야 합니다.

누리과정은 비장애아동들에게만 적용되는 것이 아닙니다. 장애 여부와 상관없이 모든 아이들에게 적용되어야 합니다. 유아중심, 놀이중심의 누리과정을 일과 안에서 적용하지 않고 아동의 요구 없이 이러한 활동에서 배제시키는 것 또한 차별에 해당할 수 있습니다.

장애아동들도 비장애아동들과 마찬가지로 친구들과 놀면서 발달해 갈 수 있습니다. 장애아동이기 때문에 분리된 별도의 교육이나 치료를 시행하는 것을 당연하게 생각해서는 안 됩니다.

사례 28

큰 소리로 말해도 내 얘기를 안 들어줘요

나는 만 4세 우빈이에요.

나는 친구들과 놀 때 큰 목소리로 내가 하고 싶은 것을 말해요. 친구들이 내 말을 들어주지 않으면 더 큰 목소리로 말을 해요. 선생님한테 말을 할 때에도 큰 목소리로 말을 해요.

큰 목소리로 말을 하면 선생님은 얼굴을 찡그리면서 잠깐 쳐다보고 나한테 와주지 않아요. 그래서 나는 더 큰 소리로 선생님에게 말을 해요.

우빈이는 어떤 마음이었을까요?

나는 친구들이나 선생님이 내 얘기를 들어주면 좋겠어요. 작게 말을 하면 아무도 내 얘기를 들어주지 않아서 큰 목소리로 말을 했더니 선생님이 내 얘기를 잘 들어주었어요. 나는 너무 기뻐서 그 다음부터는 큰 목소리로 말을 해요.

그런데 이제는 친구들이 시끄럽다면서 귀를 막고, 선생님도 내 얘기를 들어주지 않아서 너무 속상해요.

교사는 어떤 마음이었을까요?

우빈이는 자신의 의사를 조리 있게 말하지 못해요. 그래서 친구들과도 갈등이 생기면 화를 내면서 소리를 질러요. 처음에는 우빈이가 소리를 질러서 다른 친구들이 놀라기도 하고 활동에 방해가 되니까, 우빈이를 달래주기도 하고 우빈이의 말을 열심히 들어주었어요. 그런데 자신의 마음에 들지 않으면 무조건 소리를 지르는 행동을 계속 하더라고요.

그래서 여기저기 정보를 찾아보니까 이런 행동을 소거시키기 위해서는 무시를 하는 것이 좋다고 해서, 지금 이 방법을 적용해 보고 있는 중이에요.

이렇게 해 보았어요

무시를 할수록 소리를 지르는 행동이 더 강해졌어요. 그래서 아이의 입장에서 생각해 보기 시작했어요. 그동안 우빈이가 말할 때마다 교사인 나는 얼마나 우빈이의 말을 잘 들어 주었는지 생각해 보았어요.

돌봐야 할 아이들도 많고 우빈이가 언어발달이 느리다 보니까, 우빈이의 말을 끝까지 들어주기보다는 교사인 제 입장에서 먼저 알아서 해주기도 하고 중간에 말을 끊기도 했더라고요.

그래서 우빈이가 무언가 말하고 싶어 할 때마다 끝까지 말을 들어 주고 말한 그대로 해 주자, 소리지르는 행동을 하기보다 점점 자신의 의사를 표현하려고 노력하고 있어요.

인권의 눈으로 바라보아요

아이들이 하는 모든 표현에 귀를 기울이고 존중해야 합니다.

아이들의 행동 문제를 수정하거나 소거하기 위해 종종 아이들의 행동을 무시하는 경우가 있습니다. 소리를 지르는 행동이 수업을 방해할 수 있지만 나쁜 행동이라고 규정지어서는 안 됩니다. 자신의 목소리를 내는 방법 중의 하나인데 이를 무시하는 것은 아동에게 다시 한 번 좌절감을 느끼게 할 수 있습니다.

무시보다는 아동이 왜 그런 행동을 하게 되었는지 살펴보는 것이 필요합니다. 소리를 지르지 않아도 자신의 의견이 수용되는 경험을 많이 했다면 이러한 방식으로 자신의 의사를 표현하지 않을 것입니다. 무시라는 부정적인 피드백보다는 수용의 경험을 통해 자신의 의견을 편안하게 표현할 수 있도록 해주세요.

사례 29

나는 잘 안 들려요. 내가 알 수 있는 정보로 안내해 주세요

나는 만 3세 윤수에요.

나는 소리가 잘 안 들려요. 그래서 소리가 잘 들리게 하는 기계를 늘 하고 있어요. 선생님이 뭐라고 많이 얘기해 주지만, 사실 무슨 말인지 잘 모르겠어요. 친구들 이름도 모르겠고, 다음에 무엇을 하는지도 모르겠어요.

그래서 나는 그냥 울어요.

윤수는 어떤 마음이었을까요?

나는 어떤 곳에 가는지, 어떤 것을 하는지 알지 못할 때가 많아요. 친구들의 움직임을 보고 다음에 무엇을 하게 될지 생각해 보지만 어려운 일이에요. 친구들이 떠들고 있으면 선생님 말이 더 안 들려요. 시끄러운 소리가 나면 머리도 아파요. 계속 시끄러운 소리가 나면 짜증이 나서 울게 돼요.

교사는 어떤 마음이었을까요?

윤수는 어린이집에서 많이 울어요. 안아 주고 놀아 주기도 하지만 아주 큰 소리로 울어요. 그럴 때면 아무 활동도 할 수 없어서 힘들어요.

윤수가 인공와우를 하고 있어서 어느 정도 듣는다고 생각하고 천천히 많은 이야기를 해 주려고 노력해요. 청각적 자극에 반응이 어려울까 봐 촉감놀이를 자주 하는 등 노력을 하고 있어요.

아직 어리고 인지발달 지연으로 표현하는 데에도 한계가 있어서 계속 우는 이유를 알기가 너무 어려워요.

이렇게 해 보았어요

윤수를 관찰해 보니 좋아하는 물건의 사진을 유심히 본다는 것을 알게 되었어요. 그래서 활동 시작 전에 윤수에게 사진이나 물건을 보여 주었어요. 점심 식사 전에 숟가락을 보여 주거나 바깥 놀이 전에 놀이터 사진을 보여 주었어요.

처음에는 관심이 없어 보였지만 점차 사진이나 물건을 쳐다보았고, 식사 시간에 울지 않고 앉아서 잠깐 동안 기다리는 것이 가능해졌어요. 그리고 윤수가 교실을 잘 찾아올 수 있도록 바닥에 윤수가 좋아하는 색으로 색테이프를 붙여서 길을 만들어 주니, 이제는 교실에 혼자 올 수도 있게 되었어요. 사진이나 물건을 보여 주고 윤수가 하고 싶은 놀이를 선택하고 의견을 표현하는 것도 시도하게 되었어요.

윤수가 전보다 우는 시간이 많이 줄었고, 선생님이 이야기할 때 선생님을 바라보는 시간도 많아졌습니다.

tip

- 청각장애 아동의 경우 보청기와 인공와우의 성능이 좋아졌다고는 하지만 우리가 듣는 것처럼 자연스러운 말소리를 모두 듣기에는 여전히 어려움이 있습니다.
- 청각장애나 시각장애 등 감각에 대한 손상이 있는 아이들에게 정보를 제공할 때는 다른 감각을 활용하는 방법을 고안해야 합니다. 다양한 촉각놀이를 진행하거나 시각 자료를 추가로 배치하는 등 손상되지 않은 감각으로 다양한 정보를 받아들이고 배워나갈 수 있도록 지원해 주는 것이 좋습니다.
- 보청기나 인공와우는 '보조'적인 기기가 아니라 아이들이 생활하는 데 꼭 필요한 기기로 관리에 주의를 기울여야 합니다. 보

청기 착용이 일상생활에 문제가 되는 것은 아니지만, 선생님과 같은 반 아이들이 조심해야 할 내용을 공유하고 함께 주의해야 합니다.

다양한 청각 보조기기

보청기

인공와우

소리를 듣기 어려운 아이들을 위한 보조기기 입니다. 이러한 보조기기는 늘 착용할 수 있도록 지원해 주어야 하며, 건전지 교체나 관리 방법 등의 정보를 가정과 공유하고 잘 관리하도록 해야 합니다.

인권의 눈으로 바라보아요

아이들은 아이들의 특성과 요구에 맞는 소통을 할 수 있도록 지원받을 권리가 있습니다.

우리는 대부분의 정보를 '말'로 전달합니다. '말'로 전달하는 정보는 빠르고 이해가 쉽고 준비가 필요하지 않기 때문입니다. 말을 듣지 못 하거나 이해하지 못 한다면 다른 형태로 정보를 제공받아야 정보 제공에 차별이 생기지 않습니다. "어떻게 해야 아이가 잘 이해할 수 있을까? 이 정보가 아이에게 잘 전달될까?"를 고민해야 합니다. 만약 우리가 아프리카로 여행을 갔는데 아프리카 사람들이 원주민 언어로 우리에게 설명한다면 당황하게 될 것입니다. 하지만 사진을 보여 주고 몸짓으로 설명해 준다면 조금은 이해할 수 있게 되고 소통이 가능해질 것입니다.

사례 30

친구들과 같은 활동을 하고 싶어요

나는 만 5세 진환이에요.

나는 지퍼나 단추를 잘 채우지 못해요.
선생님은 자꾸 인형에 옷을 입혀 보라고 하세요. 그리고 외투를 입으라 해서 바깥놀이 시간인 줄 알고 빨리 외투를 입으면 나가지도 않고 다시 벗어 보래요.

다른 친구들은 놀고 있는데, 왜 나만 외투를 입었다 벗었다 해야 하는지 모르겠어요.

진환이는 어떤 마음이었을까요?

바깥놀이 시간인 줄 알고 엄청 신났었는데 외투를 입었다 벗으라 해서 속상했어요. 다른 친구들은 아무도 안 입는데 왜 나만 외투를 입어야 하는지 모르겠어요. 단추를 채웠다 풀었다 할 때는 손가락이 아프고 힘들어요.

그리고 외투를 입는 동안 친구들이 재미있는 놀잇감을 먼저 차지해서 너무 속상해요.

교사는 어떤 마음이었을까요?

진환이는 단추나 지퍼를 잘 채우지 못해요. 그래서 외투를 입을 때 도와줘야 해요. 제가 계속 도와 줄 수는 있지만 단추 채우기나 지퍼 끼우기만 하면 진환이가 혼자 할 수 있는 것들이 많아지기 때문에 지도가 필요하다고 생각해요.

진환이는 시간이 지나면 잘 잊어버리기 때문에 일과 중 외투나 조끼 입는 것을 할 수 있도록 반복적으로 지도하는 것이 도움이 된다고 생각해요.

이렇게 해 보았어요

진환이를 자세히 관찰해 보니 손으로 조작하는 활동에 어려움을 많이 보였어요. 일과에서 자연스럽게 즐거운 경험을 할 수 있는 활동을 찾아 보았어요.

자유놀이 시간에 여러 가지 놀잇감을 제시해 작은 블록으로 꾸미기, 점토놀이 하기, 저금통에 동전 넣기 등을 해 보았어요. 그리고 등원 후 외투를 벗거나, 화장실에서 옷을 올리고 내리거나, 산책을 갈 때 옷의 매무새를 정리하는 등 일과에서 단추나 지퍼를 혼자 채우는 경험을 할 수 있게 했어요.

아직 진환이가 단추나 지퍼를 혼자 채우지 못하지만, 스스로 해 보려고 시도하는 횟수가 늘어났어요.

tip

- 개별화 교육 계획(IEP)은 장애영유아들이 지니는 개인차와 장애로 인한 발달상의 개인차로 단일 교육 과정으로는 장애영유아의 교육적 요구를 충족시킬 수 없기에, 장애영유아의 발달에

적절한 교육 계획을 수립하는 것을 말합니다.

- 개별화 교육 계획을 실행할 때 중요한 것은 일과 중 자연스럽게 접근하는 것입니다. 구조화된 지도 방법은 교육적 효과가 빠를 수는 있지만, 아이들이 습득한 것을 일과에 자연스럽게 적용하여 일반화하는 데는 어려움이 있습니다. 자연스럽고 편안한 일과 속에서 배운 것은 일상에 더 쉽게 적용할 수 있습니다.

인권의 눈으로 바라보아요

발달이 늦거나 장애가 있는 아동도 일상의 경험 속에서 배울 권리가 있습니다.

발달이 늦거나 장애가 있는 영유아를 지원할 때, 우리는 특별한 방법을 찾고자 합니다. 발달을 위한 지원이 아이의 일과에 방해가 된다면, 아이의 입장에서 어떤 것이 더 중요한지 생각해 보아야 합니다.

발달이 늦거나 장애가 있는 영유아의 발달적 성장을 고민하는 궁극적인 목적은 아이들의 행복한 삶을 위함입니다. 그렇다면 지금의 행복한 일상을 지켜주는 것도 중요한 일이라는 것을 잊어서는 안 됩니다.

사례 31

나는 다른 방법으로 수 세기를 해요

나는 만 4세 예나예요.

나는 혼자서 앉거나 서고, 걷고, 손으로 물건을 잡는 것이 어려워요.
오늘 선생님이 블록을 주시면서 세 개를 잡아보라고 하셨어요. 블록을 잡아보고 싶었는데, 자꾸 놓쳐서 결국에 잡지 못했어요. 그러자 이번에는 두 개를 잡아보라고 하셨어요. 두 개를 잡고 싶었는데 또 놓쳐서 잡지 못했어요.

선생님이 블록 두 개를 보여주시면서 "이게 두 개야"라고 말해주셨어요.

예나는 어떤 마음이었을까요?

나는 열 개까지 셀 수 있어요. 블록을 손으로 잡으려고 했지만 자꾸 떨어져요. 그래서 일부러 갯수만큼 떨어뜨렸어요. 선생님은 다시 블록을 올려놓고 두 개를 잡아 보라고 하셨어요. 나는 개수만큼 떨어뜨렸는데 선생님은 그것도 모르는 것 같아요. 선생님은 제가 개수를 못 센다고 생각하시고 '하나, 둘, 셋…' 하고 개수를 세며 알려주셨어요.

나도 몇 개인지 셀 수 있는데, 선생님은 모른다고 하니 마음이 답답하고 속상했어요.

교사는 어떤 마음이었을까요?

예나는 뇌병변 장애가 있어서 혼자 자세를 바꾸기도 어렵고, 아직 말을 못해서 예나의 의사를 확인하기가 어려워요. 예나는 도와주는 사람이 있어야 놀이나 활동이 가능해서 아직 모르는 것이 많다고 생각했어요. 예나가 숫자를 볼 때 즐거운 표정이어서 수 세기까지 시도해 보았는데 블록 세 개도 잡지 못했어요. 나중에는 일부러 블록을 떨어뜨리는 것 같아서 속상했어요.

이렇게 해 보았어요

예나가 얼마나 알고 있는지 조금 더 시간을 갖고 살펴보기로 했어요. 다양한 놀잇감이나 사진, 그림카드 등을 활용하면서 예나에게 다양한 질문을 해 보았어요.

예나는 놀잇감을 팔로 쓱 밀어 바닥으로 떨어뜨리는 방법으로 숫자를 셀 수 있더라고요. 사진이나 그림카드를 앞쪽에 놓고 간격을 두고 펼쳐 보여주면 오랫동안 쳐다보는 것으로 질문에 답을 하는 것을 알 수 있었어요. 예나는 1부터 100까지 수 이름도 알고 있었고, 한 개부터 열 개까지 셀 수 있다는 것도 알게 되었어요.

이제 예나에게 새로운 것들을 가르쳐 줄 수 있게 되었고, 예나도 호기심을 갖고 활동에 참여하면서 즐거운 표정을 보일 때가 많아졌습니다.

인권의 눈으로 바라보아요

장애아동도 그들의 특성에 맞는 공정한 평가를 받을 권리가 있습니다.

신체적 장애가 있는 아동의 경우, 아동의 능력을 낮게 평가하는 경우가 많습니다. 말로 표현하거나 손으로 가리키는 표현이 어려운 아동에게 표현 방법과 표현의 기회 제공에 차별이 없는지 고려하여 공정한 평가를 받도록 해야 합니다.

아동이 신체적 움직임의 제한으로 답을 못하는 것인지 정말 모르는 것인지 알기 위해 교사의 노력이 필요합니다. 아동을 충분히 관찰하고 다양한 기회를 제공하면 아동이 할 수 있는 것을 찾아낼 수 있을 것입니다.

누군가가 아동의 능력이 무한하다고 믿고 지지해 준다면 아이는 무한한 능력을 보여줄 수 있습니다.

사례 32

친구들 앞에서 창피한 얘기는 하지 말아 주세요

나는 만 4세 선우예요.

나는 요즘 변기에 쉬하는 것을 연습하고 있어요. 처음에는 어려웠는데, 자꾸 하다 보니 변기에 쉬할 수 있게 되었어요.

그런데 우리 선생님이 다른 선생님께 제가 변기에 쉬했다고 큰 소리로 칭찬했어요. 그 옆에 제 친구들도 많았는데….

선우는 어떤 마음이었을까요?

여섯 살인데 아직 변기에 쉬하지 못하는 것이 너무 창피해요. 그리고 이런 사실을 친구들이나 다른 선생님들은 몰랐으면 좋겠어요.

그런데 제가 변기에 쉬하기를 성공했어요. 너무 좋았는데 선생님이 다른 선생님과 친구들에게 큰 소리로 얘기해서 부끄럽고 창피한 마음이 들었어요.

교사는 어떤 마음이었을까요?

그동안 변기에 소변보기를 목표로 선우를 지도했어요. 처음에는 잘 안 돼서 속상했는데, 6개월 만에 처음으로 변기에 소변보는 것을 성공해서 너무 기뻤어요.

기쁜 소식을 다른 선생님과도 나누고 같이 선우를 칭찬해 주고 싶었어요. 선우가 성공한 것이 너무 기뻐서 자랑하고 싶은 마음이 컸답니다.

이렇게 해 보았어요

제가 칭찬을 하면 선우가 좋아할 줄 알았는데, 선우의 표정이 일그러져 있었어요. 선우에게 "왜 기분이 안 좋아?" 하고 물어보았더니 창피했다고 얘기하더라고요. 선우가 여섯 살이라 친구들 앞에서 배변 지도에 대해 얘기하는 것이 창피할 수 있다는 것을 알게 되었어요.

그래서 선우가 창피할 수 있는 이야기는 다른 친구들과 선생님들 앞에서 하지 않기로 하고, 선우에게만 조용히 칭찬해 주었어요. 선우가 친구들과 사이좋게 놀이 하거나 친구들을 도와서 또래와 같은 내용으로 칭찬 받을 때는, 다른 사람들도 들을 수 있게 칭찬하는 것으로 방법을 바꾸었어요. 그랬더니 선우는 선생님이 큰 소리로 칭찬할 때 자신 있는 표정으로 친구들에게 웃음을 보였어요.

그리고 교사 협의를 통해 아동의 개인적인 이야기는 교사 회의 시간에만 공유하기로 했어요.

인권의 눈으로 바라보아요

발달이 느리더라도 모든 아이들은 자신의 연령에 맞게 대우받을 권리가 있습니다.

말로 표현하지 못한다고 창피함을 모르는 것은 아닙니다. 장애나 발달 지연이 있어도 아이들의 감정은 계속 발달하고 다양해집니다. 창피함의 기준을 발달 연령에 맞춰서는 안 됩니다.

'이 이야기가 아이 입장에서 창피하고 난처한 얘기가 될 수도 있지 않을까?'라는 생각과 고민을 하고, 아이에게 의견을 물어봐야 합니다. 한 명의 소중한 아이로 존중받을 수 있도록 '아이'의 감정을 살피고, 의견을 존중하며, 의견과 감정을 모를 때는 '아이'에게 '직접' 물어봐야 합니다.

사례 33

나는 괜찮지 않아요. 아프고 속상하다고요

나는 만 3세 서빈이에요.

나는 걷다가 잘 넘어져요. 오늘도 걷다가 넘어져서 울고 있는데, 선생님께서 "괜찮아, 이제 괜찮아" 하며 일으켜 주셨어요. 그런데 저는 괜찮지 않고 아팠어요.

서빈이는 어떤 마음이었을까요?

저는 넘어져서 너무 아팠어요. 넘어지고 싶지 않은데 자꾸 넘어져서 속상했어요.

선생님이 괜찮다고 하셨지만, 저는 괜찮지 않았어요. 선생님이 제 마음을 몰라줘서 더 속상했어요. '아파요' '속상해요'라고 말하고 싶었지만 말을 할 수 없었어요.

그래서 저는 울기만 했답니다.

교사는 어떤 마음이었을까요?

서빈이는 까치발을 들고 뛰거나 너무 급하게 다녀서 하루에도 수차례 넘어져요.

자주 넘어지고 울기 때문에 얼른 달래서 다음 활동을 할 수 있게 해 주고 싶었어요. 넘어진 곳도 살펴봐 주고, 일으켜도 주고, 괜찮다고 달래주었어요.

저는 괜찮다고 달래주면 아이가 더 빨리 마음이 안정되고, 활동에 잘 참여할 수 있을 거라 생각했어요.

이렇게 해 보았어요

서빈이가 넘어졌을 때 '괜찮아!'라고 얘기하기보다 '서빈아, 어디 아파?', '서빈이 마음이 속상해?', '서빈아, 선생님이 도와줄까?' 등 서빈이의 감정과 의견을 물어보고 마음 읽어 주기를 해 보았어요.

서빈이가 말로 감정과 의견을 표현하지 못했지만, 선생님의 눈을 쳐다보거나 손으로 아픈 곳을 가리키는 모습을 볼 수 있었어요. 서빈이는 전보다 우는 시간이 조금 줄기도 하였고, 선생님의 질문에 다양한 몸짓으로 표현하는 횟수도 많아졌습니다.

인권의 눈으로 바라보아요

아이들은 자신의 감정을 그대로 표현할 권리가 있고, 성인은 아이들의 감정을 있는 그대로 읽어 주어야 합니다.

나의 의견과 마음은 나의 것입니다. 아이들의 의견과 마음은 아이들 것이지요. 그런데 아이들이 말로 잘 표현하지 못한다는 이유로 아이들의 의견과 마음을 단정 짓고 결론을 내릴 때가 생각보다 많습니다.

'괜찮아!'가 '괜찮아?'로 바뀔 때, 아이들의 의사표현의 자유와 권리를 지켜 줄 수 있습니다. 아이들의 의견과 감정을 '느낌표(!)'로 단정 짓지 말고, '물음표(?)'로 아이들의 의견과 감정을 궁금해 하는 마음을 가져보세요.

아이들이 자유롭게 자신의 의견을 표현하도록 만들기 위한 어른의 첫 번째 노력은 '아이들에게 물어보기'라는 것을 꼭 기억해 주세요.

사례 34

나도 혼자 할 수 있는 힘이 있어요

나는 만 5세 하준이에요.

나는 손가락 힘이 약해서 밥 먹을 때 젓가락질을 잘 못해요. 미술 영역에서 가위질도 잘 안 되고, 작은 장난감 만드는 것도 잘 하지 못해요.

내가 못하면 선생님은 옆에 있는 친구한테 "준수야, 하준이 좀 도와줄래?" 라고 하시거나, "잘 안 되는구나. 선생님이 도와줄게"라며 자꾸만 도와주려 하세요.

하준이는 어떤 마음이었을까요?

나는 젓가락질도, 가위질도 아직 잘하지 못한다는 것을 알고 있어요. 그렇지만 혼자서 해보고 싶어요. 그런데 왜 선생님이 자꾸 도와주시고, 친구들에게도 도와주라고 하시는지 모르겠어요.

'제가 해 볼게요'라고 말하고 싶지만, 아직 말을 잘 하지 못해서 울거나 화내는 것 말고는 표현할 방법이 없어요.

교사는 어떤 마음이었을까요?

하준이는 다운증후군이에요. 일곱 살이지만 아직 언어 발화가 안 되고, 손끝이 무딘 편이라 세밀한 조작을 잘 못해요. 그래서 세밀한 조작이 필요한 활동은 원활하게 할 수 있게 도움을 주고 있어요. 소근육을 발달시키기 위해 쉬운 조작 활동은 혼자 해 보라고 했는데 잘하지 못하더라고요. 그래서 대부분의 조작 활동은 선생님이나 친구들이 도움을 주고 있어요. 잘하게 도와주고 싶었는데 하준이는 자꾸 울거나 화를 내요.

이렇게 해 보았어요

하준이가 모든 활동에 관심이 많고, 어떤 활동이든 스스로 하고 싶어 한다는 것을 알게 되었어요. 혼자 시도한 활동에 성공했을 때 제일 밝게 웃었고, 활동에 성공하지 못해도 몇 번이고 시도하고 연습하는 모습을 볼 수 있었어요.

하준이에게 도움을 주는 것을 줄이고, 스스로 해 볼 수 있도록 시간을 충분히 주었어요. 그리고 성공 경험을 할 수 있도록 쉬운 활동을 먼저 제시하고 단계를 안내해 준 후 도움이 필요할 때 부분적으로 지원해 주었어요.

하준이가 풍선을 직접 불어서 놀이를 하고 싶어 했어요. 다음 날 풍선 펌프에 풍선을 고무줄로 묶어 연결해 두었더니 혼자 펌프질을 하고 풍선 놀이를 하더라고요. 선생님이나 또래들이 도와줄 때보다 다양한 활동을 시도하고 연습하는 횟수가 늘었고, 혼자서 성공한 활동이 늘어날수록 더 즐겁게 활동에 참여하게 되었어요.

인권의 눈으로 바라보아요

비장애아동들과 동일하게 장애아동들도 실패 여부와 관계없이 스스로 경험할 수 있는 기회를 제공 받을 권리가 있습니다.

장애아동을 지원할 때 대체로 장애 유형과 특성만을 생각하게 됩니다. 지적장애, 자폐성장애, 뇌병변장애 등 장애아동에게 장애 유형별 특성을 적용하는 것은 선입견을 가져옵니다. 모든 아이들을 한 명의 고유한 존재로 보기 이전에 '지적장애 아이들은 ~한 특징이 있어', '자폐성 장애 아이들은 ~한 행동을 많이 해'라고 단정짓는 경우가 많습니다.

아이들이 가진 잠재 능력은 어른들이 가늠할 수 없습니다. 아이들에게 충분한 시간과 기회를 제공해서 스스로 성장할 수 있는 경험을 주고, 자존감을 높여 주어야 합니다.

사례 35

내가 우는 건 하기 싫어서예요. 그만하고 싶어요

나는 만 3세 소민이에요.

기분 좋게 거울을 보면서 놀고 있는데 집에 갈 시간이라며 선생님이 제 얼굴을 물티슈로 쓱쓱 닦으셨어요. 나는 눈물이 났고 그 순간 선생님은 "금방 발라 줄게" 하시며, 로션도 발라 주셨어요.

저는 소리를 치며 울었어요. 그런데도 선생님은 제 얼굴에 계속 로션을 발라 주셨어요.

소민이는 어떤 마음이었을까요?

저는 얼굴에 무엇인가 닿으면 불편하고 기분이 나빠요. 세수를 하거나 로션을 바를 때 눈을 감아야 해서 무서운 생각도 들고요.

선생님이 매일 얼굴을 물티슈로 닦고 로션을 발라 주는 것이 너무 싫어서 울었어요. '얼굴 닦고 싶지 않아요', '로션 바르기 싫어요', '기분 나쁘고 불편해요' 라고 얼굴을 찡그리고 소리도 치고 울었지만 선생님이 제 이야기를 듣지 않고 계속 로션을 발라주어서 너무 속상했어요.

교사는 어떤 마음이었을까요?

소민이는 세수하는 것도 싫어하고, 얼굴을 닦거나 로션 바르는 것을 너무 싫어해요. 그래서 하원할 때, 지저분해 보일 때가 많아요. 하원할 때 소민이 얼굴이 지저분해 보이면 부모님이 제가 신경을 쓰지 않는다고 생각하실까 봐 걱정이 되기도 해요.

그리고 지금은 소민이가 싫어하지만 자꾸 경험하다 보면 괜찮아져서 세수도 하고 로션도 잘 바를 수 있지 않을까 생각했어요. 소민이가 소리치고 울었지만 평소에도 얼굴을 만지면 잘 우니까 금방 닦아주고 로션을 발라 주면 될 것 같았어요. 얼굴이 깨끗하면 소민이와 소민이 어머니도 좋아할 거라 생각했어요.

이렇게 해 보았어요

소민이를 관찰해 보니까 자기 손으로 얼굴을 만질 때에는 울지 않더라고요. 부모님께 소민이의 위생 관리를 부탁드렸고, 어린이집에서는 소민이에게 로션을 바를 건지 물어보았어요. 소민이가 바르겠다고 하면 손에 로션을 짜 주었어요.

처음에는 손으로 충분히 로션을 만지게 했고, 다음에는 로션을 인형 얼굴에 바르게 해 보았어요. 그 다음에는 선생님 얼굴, 친구 얼굴에도 바르게 해 보았어요. 제가 로션을 짜서 소민이의 손, 팔 순서대로 마사지를 해 주었어요. 그랬더니 점차 로션이나 접촉에 대한 거부감도 줄어들고, 스스로 얼굴에 바르면서 웃더라고요.

인권의 눈으로 바라보아요

아이들도 자신의 신체를 보호하고, 감정을 표현할 권리가 있습니다.

장애가 있는 아이들 중에는 감각적으로 예민하거나 둔감함을 보이는 아동이 있습니다. 어떠한 상황에서 예민하거나 둔감한지를 관찰하고, 아이가 표현하는 반응을 수용해 주어야 합니다.

성인이 보기에는 불편하지 않은 감각이나, 아이들에게는 매우 힘든 느낌일 수 있습니다. 손으로 칠판을 긁거나 문을 긁는 소리를 들으면 마음이 불편합니다. 누구나 싫어하는 느낌은 있습니다. 아이들도 자신의 불편함을 표현할 수 있어야 하며, 불편한 느낌이 완화될 수 있도록 감정을 물어보면서 천천히 다가가 주어야 합니다.

사례 36

높은 곳에 올라가고 싶어요

나는 만 5세 예성이에요.

나는 놀이 시간에 책상 위나 창문틀, 미끄럼틀 지붕 위에 올라가요. 선생님께서 제가 올라가는 모습을 보고 "예성아, 위험해. 올라가면 안 돼. 빨리 내려와요" 라고 말씀하세요.

나는 선생님 손이 닿지 않게 더 올라가요. 그러면 선생님은 나를 안아서 내려주세요. 나는 다시 올라가려고 하고 선생님은 못 올라가게 해요.

예성이는 어떤 마음이었을까요?

우리 교실에서 재미있는 놀이는 높은 곳에 올라가는 거예요. 높은 곳에 올라가면 마음이 편안하고 재미있어요.

나는 높은 곳에서 재미있게 놀고 있는데 선생님께서 무조건 안 된다고 내려오라고 말씀하시면 마음이 불편하고 속상해요. 선생님이 나를 안아 내려놓으면 선생님을 피해 다른 곳에 또 올라가고 싶어요.

교사는 어떤 마음이었을까요?

매번 높은 곳에 올라가는 예성이를 보고 내려오게 할 때마다 힘들고 지쳐요. 높은 곳에 올라가지 않고 안전하게 놀았으면 좋겠어요.

예성이를 안아 내려놓을 때 화를 내거나 발버둥을 치는 모습을 보면 안쓰럽기도 하지만 안전을 생각하면 당연히 이렇게 해야 한다고 생각해요.

그리고 올라가지 못하도록 막거나 안아주는 모습이 마치 아동을 학대하는 모습처럼 보여질까 봐 두렵기도 해요.

이렇게 해 보았어요.

예성이가 안전한 곳에 올라갈 수 있는 공간을 마련해 주었어요. 어린이 의자 몇 개를 교실 한쪽에 놓고 예성이가 높은 곳에 올라가려고 할 때면 의자 위 걷기를 제안했어요. 몇 번 반복했더니 예성이는 높은 곳에 올라가고 싶은 마음이 생기면 스스로 의자 위에 올라가 한참을 서 있다가 다시 내려오곤 했어요.

어느 날부턴가 다른 친구들도 예성이와 함께 의자 위를 걷기 시작했어요. 그 후 의자를 더 놓아 충분히 걸을 수 있는 공간을 마련하고 음악도 틀어주었더니 모두가 즐겁게 의자 걷기 놀이를 했어요. 의자 걷기 놀이는 우리 반에서 즐거운 놀이가 되었고, 며칠 동안 지속되었어요, 예성이는 점차 높은 곳에 올라가는 횟수를 줄였고, 스스로 의자로 다리를 만들어 놀았어요.

인권의 눈으로 바라보아요.

장애영유아나 발달이 느린 아이들의 개별적인 특성을 이해하고 존중해 주어야 합니다.

감각 자극을 즐기는 아이들은 스스로 감각을 조절하기 위해 놀잇감을 들고 다니거나 돌리기도 하고 높은 곳에 올라가기도 합니다.

이런 행동은 문제 행동이 아니라 자신의 감각을 조절하여 안정감을 갖거나 재미를 추구하기 위한 행동입니다. 무조건 못하게 하기보다는 안전한 상황에서 놀이와 연계될 수 있는 방법을 찾아 주어야 합니다. 이러한 노력과 고민들은 장애영유아의 개별성을 인정하고 존중하는 첫걸음이 될 것입니다.

사례 37

나는 여러 가지 물건으로 집을 만들고 싶어요

나는 만 5세 대훈이에요.

나는 유희실 미끄럼틀 위에 놀잇감들을 가져와 집을 만들었어요. 쿠션 매트를 옮겨 테두리를 쌓고 그 안에 풍선도 꽂고 좋아하는 곰돌이 인형도 앉혔더니 나만의 멋진 집이 만들어졌어요.

그 안에 쏙 들어가 앉아 있었는데 선생님이 매트도 인형도 제자리에서 가지고 놀라고 하셨어요. 내가 만든 집에서 쿠션, 풍선을 꺼내서 제자리에 모두 가져다 놓으셨어요.

대훈이는 어떤 마음이었을까요?

나는 멋진 집을 만들 생각에 너무 신났어요. 놀잇감을 하나씩 쌓으며 힘들기는 했지만 뿌듯했어요. 완성된 집안에 쏙 들어갔을 때는 정말 편안했어요.

그런데 선생님이 제자리에서 놀아야 한다며 하나씩 정리할 때는 내가 만든 집이 무너지는 기분까지 들어서 마음이 아팠어요.

교사는 어떤 마음이었을까요?

대훈이는 유희실에 오면 놀잇감 말고 다른 물건에만 관심이 있어요. 매트는 아이들 안전을 위해 깔아 놓은 것인데 대훈이가 자꾸 끌고 가서 미끄럼틀 위에 올려놓아요. 풍선이나 곰돌이 인형도 친구들과 같이 놀지 않고 미끄럼틀로 가져가요.

대훈이가 놀잇감을 바르게 가지고 놀이하는 방법을 모르는 것 같아서 알려주지만, 자꾸 미끄럼틀 위에 물건을 쌓기만 해서 답답해요. 그리고 정리시간에 물건들을 정리하려면 시간도 오래 걸리고, 다음 활동에 방해도 돼서 힘들어요.

이렇게 해보았어요

대훈이의 놀이 방식을 이해하기 위해 자세히 관찰해 보았어요. 대훈이는 정해진 규칙대로 놀이하는 것보다 그때그때 생각나는 형태로 놀이하려고 시도하더라고요.

대훈이의 시선이 따라가는 위치의 물건들을 함께 쳐다보며 이름을 말해주고 "어떻게 놀이하고 싶어?"라고 먼저 물어보았더니 씩~ 웃으며 좋아했어요. 그 후에는 물건들을 옮기며 "도와줘"라고 먼저 표현하더라고요. 그때 관심을 보이는 친구가 있었고 함께 집짓기 놀이를 하게 되었어요. 한동안 집짓기 놀이는 우리 반에서 유행하는 놀이가 되었고, 다양한 물건으로 더 크고 멋진 집과 성이 완성되었어요.

그리고 필요하다면 놀잇감을 다른 영역으로 가져갈 수 있고, 정리는 제자리에 하는 것으로 아이들과 함께 이야기해서 정했어요.

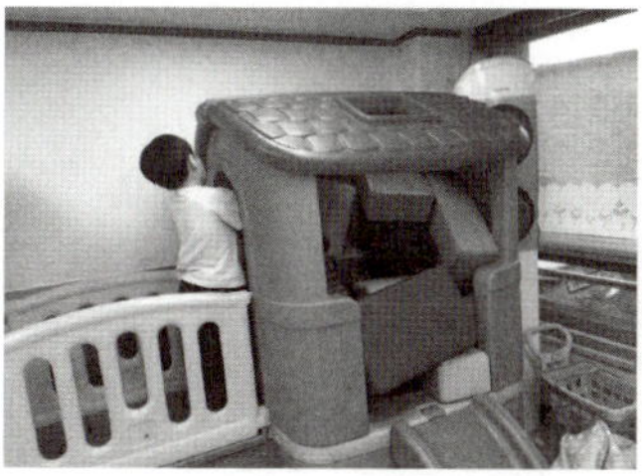

인권의 눈으로 바라보아요.

아이들은 자신의 방식으로 자유롭게 놀이할 권리가 있습니다.

아이들은 다양한 놀잇감과 놀이 방법으로 자신만의 놀이를 해나갑니다. 때로는 안전을 위해 깔아 놓은 매트도 집을 만들기 위한 놀잇감이 되고, 사물을 단순히 일렬로 세우는 행동도 어떤 아이에게는 재미있는 놀이가 되기도 합니다. 놀이에는 정답이 없습니다.

교사의 시각으로 바라보면 서툴고 도움을 주어야 하는 행동 같지만, 장애영유아도 자신의 생각과 방법으로 놀이를 합니다. 교사는 장애영유아의 놀이 흐름과 맥락을 잘 파악하기 위해 충분히 관찰해야 합니다. 장애영유아의 개별적인 놀이 접근을 이해하고 지원한다면 더욱 활발한 놀이가 이루어질 수 있습니다.

참고문헌 및 참고자료

강진주, 고은경(2018). 유아의 참여권 신장을 위한 교육적 접근으로써 기록화의 가능성. 학습자중심교과교육연구, 18(3), pp.751~774.

교육부, 보건복지부(2020). 「2019 개정 누리과정」 해설서. 세종:교육부, 보건복지부.

국가인권위원회(2018). 유엔아동권리협약의 이해. 서울: 국가인권위원회.

국가인권위원회(2020). 유엔 인권조약기구 일반논평 및 일반권고- 장애인권리위원회 일반논평. 서울: 국가인권위원회.

국가인권위원회(2020). 장애인권리위원회 일반논평. 서울: 국가인권위원회.

김기룡, 이명희, 노진아, 김삼섭(2016). 유아교육기관에서의 장애 영유아 교육권 보장 실태. 유아특수교육연구, 16(2), pp.63~89.

김근혜, 강성권(2014). 인권지표 개발을 위한 과제: 부산광역시를 중심으로. 지방정부연구, 18(1), pp.419~440.

김금희(2020). 어린이집 이용 부모의 아동권리존중 인식 정보 및 프로그램 제공 효과와 그 적용에 관한 연구. 부모교육연구, 17(4), pp.5~27.

김정화(2014). 유아교사의 유아권리인식과 유아권리 존중 실행에 관한 연구. 어린이문학교육연구, 15(3), pp.343~364.

김진숙, 서영숙(2012). 영유아 권리존중 보육의 실행내용 항목: 보육교사가 인식한 영유아 권리존중 보육의 실행내용을 중심으로. 한국보육지원학회지, 8(3), pp.133~162.

노은호, 주혜영(2011). 인권문서를 통해서 본 장애유아의 놀권리 보장에 관한 연구. 한국보육학회지, 11(1), pp.59~73.

두오균(2011). 장애아동의 차별받지 않을 권리. 장애아동인권연구, 2(1), pp.1~13.

성명진(2014). 발달장애아동의 자기결정권에 관한 연구. 장애아동인권연구, 5(1), pp.1~19.

손옥자, 신현기(2005). 인권교육이 비장애유아의 장애유아에 대한 태도 변화에 미치는 영향. 특수교육논총, 14, pp.61~84.

안수영(2015). 발달장애 어머니의 양육 스트레스, 우울, 장애수용이 아동학대에 미치는 영향. 한국지체 · 중복 · 건강장애연구, 1, pp.219~238.

우이구, 김현태(2016). 장애학생 인권보호를 위한 교육정책의 성과와 발전방안: 특수학급 교사의 인식을 중심으로. 특수교육저널 : 이론과 실천, 17(4), pp.43~66.

야누시 코르차크(2020). 야누시 코르차트의 아이들. 서울: 양철북.

오미나, 이현정, 정애련, 조경희, 조현정(2022). 장애아전문어린이집 원장의 영유아중심 · 놀이중심 보육과정 운영 경험에 대한 내러티브 탐구. 특수아동교육연구, 24(2), pp.149~176.

원혜경, 조숙영(2015). 만 3, 4세 누리과정 교사용 지도서의 영역과 생활주제에 나타난 유아인권교육 내용 분석. 유아교육연구, 35(3), pp.387~409.

윤서연, 박수경(2020). 만 4세 한라반 유아들의 권리존중을 위한 협력적 실행연구: 참여권을 중심으로. 교사교육연구, 59(1), pp.1~20.

이경준(2013). 장애아동 안전관리와 지원을 위한 기초방안 연구. 장애아동인권연구, 4(2), pp.1~23.

이규호(2016). 국제장애인권리협약의 주요내용 및 쟁점. 장애아동인권연구, 7(1), pp.39~59.

이민지(2017). 유아교사의 아동인권감수성 향상을 위한 아동인권 교사교육 프로그램 개발. 덕성여자대학교 교육대학원 석사학위논문.

이봉주, 신원영(2017). '아동권리지수' 적용을 통한 아동권리 비교 연구. 한국아동복지학, (58), pp.171~203.

이정미, 이현수, 조영숙, 백진주, 백현주(2016). 장애아동인권에 대한 아동용 인식척도 개발. 장애아동인권연구, 7(2). pp.49~71.

유니세프한국위원회(2019). 유엔아동권리협약. 서울 : 유니세프한국위원회.

Human Rights Library. 장애인권리협약 공식 번역문. http://hrlibrary.umn.edu/instree/K-disability-convention.html (2022. 7. 4. 인출)

이소현(2019). 개별화 교육과정-장애 유아를 위한 일반 유아 교육과정 기반의 교수적 접근. 서울: 학지사.

임세와, 전지연, 이지나(2020), Know your rights 교사용 가이드. 서울: 유니세프한국위원회.

조영숙(2015). 장애아동 학대에 관한 연구동향 분석. 장애아동인권연구, 6(2), pp.1~14.

진재섭, 안효진(2018). 유아교사를 위한 배려지향 장애인권교육 프로그램 개발 및 적용. 유아특수교육연구, 18(4), pp.221~247.

최은숙(2014). 어린이집에서의 아동권리에 대한 부모와 교사의 인식과 실천상황에 관한 연구: 부천시어린이집 중심으로. 서울신학대학교 사회복지대학원 석사학위논문.

홍현숙(2012). 장애를 가진 아동 · 청소년의 성장주기에 따른 재활치료 및 서비스 이용조사. 국립재활원 연구보고서.

Ammerman, R. T. & Baladerian, N. J.(1993). *Maltreatment of children with disabilities*. Chicago IL: National Committee to Prevent Child Abuse.

Ammerman, R.(1997). Physical abuse and childhood disability: risk and treatment factors. *Journal of Aggression, Maltreatment, Trauma, 1*, pp.207~224.

Giardino. A. P., Zh ang. Y., & Raphael. J. L.(2010).

Parenting stress in US families: implications for paediatric healthcare utilization. *Child: care, health and development, 36(2)*, pp.216~224.

Goldson, E.(1998). Children with disabilities and child maltreatment. *Child Abuse and Neglect, 22*, pp.663~667.

Humphrey, K., Myint, E. T., & Zeanah, C. H.(2020). *Increased Risk for Family Violence During the COVID-19 Pandemic*. Pediatrics. doi: 10.1542/peds.2020-0982.

Kubr. M.(1996). *Management Consulting: A Guide to the Profession*. International Labour Office, Geneva.

Sullivan, P. M., & Knutson, J. F.(2003). Maltreatment and disabilities: A population-based epideminological study. *Child Abuse and Neglect, 24*, pp.1257~1273.

저/자/약/력

■ 조현정
단국대학교 대학원 특수교육학과 유아특수교육전공 박사
현) 서울신학대학교 장애학생지원센터 교수

■ 오미나
숭실대학교 사회복지대학원 상담복지전공 석사
현) 곰두리어린이집 원장

■ 이현정
단국대학교 대학원 특수교육학과 언어병리전공 박사
현) 연성대학교 유아특수재활과 교수

■ 정애련
명지대학교 대학원 아동학과 아동가족심리치료 전공 박사
현) 마음드림심리상담센터 센터장

■ 조경희
단국대학교 대학원 특수교육학과 장애인평생교육및복지전공 박사 과정
현) 단비어린이집 원장

장애영유아 권리에 날개달기

함께 실천하는 장애영유아 권리 이야기

1판 1쇄 발행 2023년 2월 20일
1판 2쇄 발행 2024년 8월 30일

저자 조현정, 오미나, 이현정, 정애련, 조경희
펴낸이 김동근
펴낸곳 지식터
등록 2022년 10월 19일(등록번호 제2022-000170호)
주소 경기도 고양시 일산동구 정발산로 42번길60, 437호 (장항동, 웨스턴853)
전화 031-811-8500
팩스 031-811-8600
이메일 jster22@naver.com
홈페이지 www.jster22.com
ISBN 979-11-92845-14-2 (13370)

값 13,000원
잘못된 책은 구입처에서 바꾸어 드립니다.